JN006003

Japanese as a
LINGUA FRANCA

リンガフランカ
としての日本語

多言語・多文化共生のために日本語教育を再考する

編著＝青山玲二郎／明石智子／李楚成
監修＝梁安玉

明石書店

もくじ

リンガフランカとしての日本語

多言語・多文化共生のために日本語教育を再考する

リンガフランカとしての日本語

多言語世界において変遷する日本語教育

青山玲二郎
明石智子
李　楚成

1. 本書の紹介

　本書は日本語教育環境が国内外で多言語化している現状を分析し、そこで教えられ話される日本語が母語話者の規範から離れていく可能性を探る。

　日本語教育はジンバブエやモンテネグロなど過去最大の142の国・地域にまで広がっており、多種多様な言語話者が日本語を日々学習している（国際交流基金 2018）。言語はその言語の母語話者だけでなく、他言語の話者に話され書かれることで多様化していく。たとえば、英語はアメリカやイギリスで母語としてつかわれる一方[1]、インドや中国で第二言語もしくは外国語として話されており[2]、第二言語としてつかう人々の数が母語としてつかう人々の数を大幅に上回っている（Graddol 2003; Ethnologue 2019）。世界中でさまざまな母語を持つ人々が、英語母語話者と話すためだけでなく非母語話者同士でコミュニケーションをとるために英語をつかっており、会議や旅行など対面交渉で特定の目的を果たすだけでなく、ソーシャルメディアで話者個人のアイデンティティを表現するためにつかわれている。英語は旧植民地において母語を共有しない人々のLink Language（Kumaramangalam 1968）として、またデジタル化するコミュニケーションの主要言語（Herring 2008）として膨大な第二言語話者を抱え、内心円といわれる英米の母語話者たちの規範を超えたWorld Englishes（Kachru 1965, 1992）や第二言語話者同士のコミュニケーションに資するEnglish as a Lingua Franca（Gnutzmann 2000; Seidlhofer & Jenkins 2003）など、多種多様なかたちに変化してきた。

　一方、日本語は母語話者の数に比べると、第二言語や外国語として話す人の数が圧倒的に少なく、話されている場所も日本政府が行政権を持つ日本列島に集中している。このような英語と日本語が置かれた対照的な環境のなかで、英語研究に端を発する理論的枠組みを日本語に当てはめること

ができるのだろうか。「世界日本語」や「リンガフランカとしての日本語」として日本語を考察することにどのような意義があるのだろうか[3]。

　上記のような観点からオーストラリア、デンマーク、香港、日本で言語教育にたずさわる研究者が、それぞれの地域の多言語環境に合わせてどのように日本語が話されているか、教えられているかを分析し、非母語話者と母語話者がともに日本語を話し学ぶことが、日本語の多様化にどうつながっていくか考察した。

2．本書の構成

　第1章（中根育子）は、日本語教育における母語話者のみを「正しいモデル」と認めるイデオロギーを、移民社会・複言語社会であるオーストラリアの教育現場から問い直す。日本で日本語を教える環境と異なり、当該学生の英語リテラシーが総じて高いため、学習者と教師のコミュニケーションも英語と日本語の両方がつかわれる場面が多い。そのような現実を反映し、日本語だけで授業を行うことを前提とせず、映像教材の会話に英語を入れ込み、ペアワークで学生同士が中国語をつかうことを肯定的に捉え、積極的に日本語教育に多言語を持ち込む教育実践が行われている。また、学習者が日本語の会話相手として日本に住む母語話者だけを想定するのではなく、日本国外に住む人や非母語話者を想定できるよう、メルボルンで実際に日本語をつかって活動している日本語話者と交流するプロジェクトを行っている。

　これらの教育実践は、日本語母語話者である言語教師が日本語や日本文化の権威として振る舞うのではなく、学習者の包括的な複言語能力・生涯学習能力を支援していく複言語教育アプローチを理論的背景にしており、国外における実際の多言語環境を反映した取り組みといえる。中根論文は日本語教育に潜在する「母語話者」や「日本」を中心とするイデオロギーを鋭く問い返すだけでなく、主要な複言語教育アプローチに関する理論が

初中等教育段階での移民や継承語話者を対象にしてきたことを指摘し、高等教育段階で外国語として日本語を習う学生の資料を提供し、複言語教育の議論に新たな視点を与えている。

第2章（金孝卿・門脇薫）は引き続きオーストラリアにおける日本語教育を対象とし、日本語教師間の協働——教師たちが対等に対話することによって両者に価値ある創造的成果を成し遂げる——プロセスを見つめている。初等教育現場で働く言語教師を対象に詳細なインタビュー調査を実施し、日本語母語話者教師と非母語話者教師がどのように協力して働いているかを浮かび上がらせている。そこでは、日本語教師が母語話者であるか非母語話者であるかという二項対立にとどまって教授法やカリキュラムを考えるのではなく、両者が協働して課題を解決するために、それぞれが持ち寄る特徴、たとえば母語以外の言語能力、教育経験、言語教授観、言語学習観などを活かそうとする観点が提示されている。教師たちは実践のなかで相手や自分の言語使用を価値づけることができており、そのことによって自分の役割意識が変化し、対話を通してカリキュラム上の課題を発見し、その解決策をお互いに共有している。

金・門脇論文は、海外の日本語教育においてはそれぞれの地域や教育機関で制度や要請が異なり、そのため教師が多様な方針に基づいて日本語を教える実態を明らかにしている。当該調査校においては英語と日本語の読み書き能力を向上させるバイリテラシー教育と、理科などの教科と言語を統合的に学ぶ内容言語統合型学習が教育方針として唱えられている。海外でどのように日本語が教えられているかを分析するためには、調査対象校や当該地域の特徴を十全に把握することが欠かせない。第2章はその現地の特徴を詳細に考慮したうえで、日本語教師だけでなく教科担当教師や英語担当教師にインタビューしており、多言語教育環境のなかで教師間協働がどう成立するかを分析するために有効な具体的調査方法を提示している。

第3章（明石智子）は、日本語が少数者の言語である香港で子どもたち

にどのように日本語を伝えていくかについて、日本語を「継承語」として学ぶ学習者への教育実践を報告している。継承語として日本語を学ぶ年少学習者は母語話者とも第二言語／外国語学習者とも異なる学習ニーズを持つが、継承日本語教育の教授法に関する先行研究や教材開発はいまだに十分であるとはいえない。日本語と日本語教育の多様化を考えていくうえで、海外における継承日本語学習への研究、考察は有益であろう。明石論文では、香港の継承日本語教育機関である補習授業校を対象にし、学習者の保護者へアンケートを実施し、継承語教育の主要なステークホルダーの意見を汲み取っている。日本語を継承語とする家庭は補習授業校に「書くこと」の学習サポートを期待していると明らかにし、香港の日本語継承語教育が求められている方向性を示したうえで、それら保護者の期待に応える取り組みを提言している。

　第4章（エルハディディ・アブドエルラヒム）は、在日ムスリムが礼拝の場であるマスジドを運営していくにあたり、日本語運用能力がコミュニティ形成にどのように関係しているかについて調査・分析を行っている。宗教を基盤にした日本語のリンガフランカ使用を考察しているきわめて貴重な研究といえる。大阪にある茨木マスジドに通うムスリムコミュニティは近隣日本人と良好な関係を保ちながらマスジドを運営していくために日本語能力の重要性を理解し、地震など災害時に近隣住民と連絡をとったり、高校生の訪問を受け付けたり、イベントでエスニック料理を提供したりと積極的に日本語をつかうことで地域社会と結びついている。そのためにマスジド内でも母語話者・非母語話者を問わず日本語を話せるムスリムが中心となり、マスジド運営を行っている。また、マスジドを中心とする在日ムスリムはインドネシアやエジプトなどそれぞれの国籍や言語が異なる。そのためお互いのコミュニケーションのために日本語をつかっており、日本語話者であるムスリムは非日本語話者であるムスリムの生活を言語的な側面からサポートしている。このように在日ムスリムはイスラムの教えをもとに日本語を通して利他的活動を行っている。

第5章（佐藤良子〈内田良子〉・平田亜紀・福本明子・宮崎新）は、在日外国人の増加を背景に進む日本社会の「内なる国際化」において、高等教育における協働学習と異文化コミュニケーションがどのように接合するかを考察している。第2章では教師間の協働が主題となったが、ここでは異なる地域から集まり異なる能力を持つ学生間の協働が焦点となっている。高等教育機関における三つの実践事例を紹介し、異文化交流の経験を通して留学生、日本人学生がともに他者との関係性に気づいていく過程が報告されている。そのなかでとくに「言語の権力性」すなわち母語話者の優位性への気づきこそが「内なる国際化」の進む日本における異文化コミュニケーションに大きな教育的示唆を持つと論じている。留学生、日本人学生、教員が多様な目的と限られたリソースを持ち合って行う交流活動のなかで、コミュニケーションに潜む権力性を意識できる機会をどう生み出せるかが模索されている。

　第6章（ハートムット・ハバーランド）は社会言語学者 Abram de Swaan の提言した「世界の言語秩序」を批判し、そこから日本語が第二言語やリンガフランカとしてつかわれることの意味を考察している。「世界の言語秩序」とは6000強の言語を、伝達可能性という定量的概念に基づいて極中心言語、超中心言語、中心言語、そして周辺言語に階層化する考え方だ。そこでは唯一の極中心言語である英語が母語の異なるあらゆる人々を結びつける要になっていると仮定しているが、ドイツ語と日本語のバイリンガル話者のような超中心言語や中心言語のバイリンガル話者たちの存在は無視されがちだ。

　ハバーランド論文は、実際には日本語が移住者や学習者の増加によって第二言語としてつかわれており、彼女／彼ら同士のコミュニケーションのためにリンガフランカとしても使用されていることを文献から示す。一方、インドやシンガポールの英語話者が英語のオーナーシップを主張したような現象は日本語においてはまだ起こっておらず、日本語母語話者だけが学習者に規範を提供できるという母語話者主義の存在を批判している。

第二言語話者が自己のアイデンティティ形成・表現のために日本語をつかっている具体例を示すことによって、日本語を含むどんな言語も特定の集団だけに所有されることはありえず、日本語母語話者が異文化コミュニケーションでの意味生成のために日本語をつかうよう迫られていると結論づけている。

　第7章（日野信行）は、日本での英語教育において母語話者主義、いわゆる母語話者の権威や優越性を信仰するイデオロギーが存在することを指摘し、そのイデオロギーを克服する取り組みを具体的に提示している。「国際英語」の理念ではアメリカ英語の習得を目標とするのではなく、非母語話者が自己をよりよく表現するために英語をつかう。たとえば日本での教育では、起承転結の論理構成を日本式英語として選択肢とし、教授法として長く用いられてきた訳読や音読を尊重することができる。会話試験ではギリシャ人とブラジル人が中国文化について論じる会話を聞き取ることなどが可能性として挙げられている。また抽象的な議論にとどまることなく、教員任用においても母語話者・非母語話者の区別を設けず、英語母語話者も国際英語の学習者として認識するなど、具体的組織運営に言及している。

　日野論文はこのような「国際英語」の理念をもとに、日本語教育を日本語母語話者の規範から解放する「国際日本語」案を提示している。「タイ日本語」など国際化する日本語を受け入れる寛容の精神が提言されてきた事実や、文法を簡略化する「簡約日本語」の構想があった経緯を紹介したうえで、日本語非母語話者だけでなく日本語母語話者も学習者と捉える「国際日本語」の教育実践を呼びかけている。そこでは日本語教育と日本事情の教育を一体化させる伝統的カリキュラムは否定され、日本語を日本的価値観だけを表現する言語とは捉えない。「国際日本語」教育のもとでこそ、非母語話者は母語話者の規範にとらわれずに、日本語で自己を表現する自由を保つことができると主張している。

　第8章（青山玲二郎）は、日本語が国内外で非母語話者同士のコミュニ

ケーションにつかわれている現実に向き合い、「リンガフランカとしての日本語」研究の方向性を模索している。すでに積み重ねのある「リンガフランカとしての英語」研究がたどってきた過程を参考にし、「リンガフランカとしての日本語」は母語話者との会話だけを目指す日本語教育を問い直し、非母語話者が状況に応じて織り成す即興的な意味交渉を見つめ、たとえ日本語がメインにつかわれていなくとも日本語知識を活用した多言語実践を研究対象とすべきだと提案している。また、日本語しか話せない単言語話者が母語話者規範に縛られず話せるのか、という命題こそが研究課題となると論じる。

　青山論文は日本語が国語として日本列島とその近隣の人々に強制された過去を反省し、日本語話者が国内外の両方で多様化していく未来と向き合うために、現在の中国・上海で学習者や移住者がどのように日本語をつかい習っているかについて、母語話者規範の観点から検討している。教育現場には日本人が日本文化を体現し正しい日本語を話すというイデオロギーが存在するが、非母語話者の言語実践に目を転じると、日本語知識を土台にしながら中国語・顔文字・ローマ字を混用する創造的な多言語実践がオンラインでなされている。「リンガフランカとしての日本語」研究が日本語や日本語教育だけに焦点を当てるのではなく、話者が少ない言語を尊重し、日本語を交えた多言語実践に目を向けるよう論じている。

　本書は、海外や日本で実際に行われている教育・言語実践を対象にしてその地域の当事者に向けて具体的な提言をする研究と、日本語や言語教育のあり方を少し離れた位置から理論的に考察した研究の両者からなる。刻々と変化する多言語世界のなかで、日本語や日本語教育がどのように変容していくかを考察する一助となることを願っている。

■付記

本書は出版に際し、香港日本語教育研究会（Society of Japanese Language Education Hong Kong）の学術研究助成を受けた。

■注記

(1) 現在はナイジェリアやシンガポールなどで英語を母語とする人々が増加しており、国家領域を基準にした区分は実際の階層や家庭内言語環境、教育制度などの多様性を反映しない定型的な地理的認識となっている。

(2) 言語教育学では、ある人が母語でない言語を習得するときに、その言語がその地域で日常的に話されていれば第二言語、日常的に話されていなければ外国語と区別するが、ある言語が日常的に話されているかどうかは、同じ地域内でもその人が所属する階層、民族集団、教育機関、そしてジェンダーによって異なり、その人が住んでいる地域だけを基準として第二言語と外国語を厳密に区別することはできない。

(3) 本書書名である「リンガフランカとしての日本語」は第一言語が異なる人々がコミュニケーション手段としてつかう日本語を指す。詳しくは第6章と第8章を参照。

■引用・参考文献

国際交流基金 (2019).「2018年度海外日本語教育機関調査結果（速報値）」. https://www.jpf.go.jp/j/about/press/2019/029.html（2020年4月30日閲覧）

Ethnologue, 22nd edition. (2019). https://www.ethnologue.com/ethnoblog/gary-simons/welcome-22nd-edition (December 12, 2019.)

Gnutzmann, C. (2000). Lingua franca. In M. Byram (Ed.) *The Routledge encyclopedia of language teaching and learning* (pp. 356-359). London: Routledge.

Graddol, D. (2003). The decline of the native speaker. In G. Anderman & M. Rogers (Eds.) *Translation today: Trends and perspectives* (pp.152-167). Clevedon: Multilingual Matters.

Herring, S. C. (2008). Language and the Internet. In W. Donsbach (Ed.) *The International Encyclopedia of Communication* (pp. 2640–2645). Malden, MA/Oxford: Blackwell Publishers.

Kachru, B. B. (1965). The Indianness in Indian English. *Word*, 21(3), 391-410.

Kachru, B. B. (1992). World Englishes: Approaches, issues and resources. *Language Teaching*, 25(1), 1-14.

Seidlhofer, B. & Jenkins, J. (2003). English as a lingua franca and the politics of property. *Cross Cultures*, 65, 139-156.

第1章

多言語世界における
自己・他者・世界の理解

日本語を通しての学び

中根育子

1. はじめに

　世界では、これまでにない規模、そして速度で人々が移動し、テクノロジーの発達に伴いさまざまな言語・文化背景を持つ人々とやりとりが行われるのが日常的になっている。多言語が飛び交うコミュニケーション自体はグローバル化とともに始まった現象ではなく、世界の多くの地域では何世紀ものあいだにわたり、さまざまな言語がせめぎ合う社会で人々は多言語を使用して日々を送ってきた。しかし、単一言語を公用語・国語としてきた国々であれ、多言語使用が普通であった国々であれ、新しいグローバル化の波はこれまで以上に言語・文化の多様化を加速化し、それに対応できるコミュニケーション能力を備え持つための教育が求められている。

　當作（2013: 79）は「21世紀を生き抜く能力として必要なもの」に「問題解決能力」「協働力」「コミュニケーション能力」「異文化コミュニケーション能力」「生涯学習能力、自立学習能力」を挙げている。そして言語教育は、複雑化する今日の国際社会の市民として批判的な視点を持って生き抜くための能力を伸ばすことに大きく貢献できると論じられている（Byram et al. 2018）。グローバル化・多言語世界というコンテクストのなかで、言語教育が国際社会の市民性の教育に貢献していくには、自己、他者、そして自己と他者が相互関係を持って生きていく世界の理解を支援する言語教育が必要だといえる（Kubota 2015; Byram et al. 2018）。さらには、Lo Bianco（2014）が指摘するように、日本語＝日本といった単一国家＝単一言語という前提が崩れつつあるなかで、私たちが個人として「かつては遠く馴染みのないものであったコミュニケーションを身近に体験する」（2014: 323）[1] ことが言語教育に対して持つ意味を、多言語多文化的視点からカリキュラムや実践に反映していくことが求められている。

　本稿では、このような言語教育理論を踏まえたうえで、21世紀の多言語世界において日本語教育がどのように自己・他者・世界の理解を深める

学びに貢献できるのかについて、筆者が関わっているオーストラリアの高等教育における日本語教育の現状と実践を例にして考察を行い、批判的に論じる。

2. グローバル市民のレパートリーとして言語を学ぶ「複言語教育」[2]

多言語世界の言語教育を考えるにあたり、多言語教育に関する先行研究を振り返ってみると、いわゆる「二か国語教育」「多言語教育」の研究は、言語習得や言語教育政策の観点から行われてきたものに加えて、近年にはヨーロッパの言語教育政策の流れを源流とする複言語教育（plurilingualism）、またGarcía（2009）やGarcía et al.（2014）の提唱するトランスランゲージングなど、グローバル化に伴う多言語世界、移民社会におけるコミュニケーションをさまざまな立場から解釈したアプローチによる論考、実践への応用が活発に行われるようになってきた。トランスランゲージングは、多言語使用が多言語世界のなかでごく普通に行われるポジティブで創造的な言語実践であるとし、多言語使用からマイノリティ言語の否定的な価値を解き放とうとするものである。こうしたさまざまなアプローチの理論的なスタンスが多少異なるのは確かだが、いずれも「二か国語教育」が持っていた「二つの言語を高いレベルで同じように駆使できるようになるための教育」というイメージと異なる「レパートリーとしての多言語使用を支援する」という見方をとり、運用能力が比較的低くてもそれを否定的に捉えず、言語をコミュニケーションのリソースの一つとして肯定的に捉えている点で一致する。

複言語教育のアプローチが広まったのは、Council of Europe（2001）のヨーロッパ言語共通参照枠（Common European Framework of Reference for Languages: CEFR）において、複言語主義を言語教育の理念として挙げたことが大きなきっかけである。その背景としては、高まる文化の多様性、人の移動、異言語異文化間コミュニケーション能力の必要性などが挙げら

れており、そこでは複言語主義が多言語主義と異なり重視する点として、以下のように述べられている。

　複言語主義が重視するのは、文化的コンテクストにおける個人の言語使用経験が家庭から社会全体、そして他者の言語（学校や大学、あるいは直接的な経験のいずれであれ）と広がっていくなかで、言語や文化は、頭のなかの別の引き出しにはっきりと区別されて存在するのではなく、言語知識や経験のすべてが礎となり、複数言語が相互に関係し作用し合う一つのコミュニケーション能力として培われていくということである。(Council of Europe 2001: 4)

　さらに、このCEFRのアプローチでは、いわゆる「母語話者」モデルから離れ、レパートリーとなる言語の能力レベルが多様であることを否定的に捉えずに、複言語能力を発達させる機会を学習者に与えることを提唱している。この立場に関連して、それぞれの言語について「母語話者」を目標とするのではなく、Byram et al.（2018）は包括的な異文化間コミュニケーション能力、あるいは異文化理解能力育成を目標とした言語教育の必要性を論じている。またKramsch（2009）は、学習者が自身の母語使用の場でもなくターゲット言語が母語として使用される場でもない「第三の領域（the third place）」に注目し、多言語コミュニケーションとアイデンティティの深い関わりを踏まえた実践および教師養成が求められると述べている。さらにByram et al.（2018）は、文化間言語学習が、批判的に自己のアイデンティティの内省を促し、いわゆるターゲット文化のコンテクストだけでなく、今、そして生涯を通じてさまざまなコミュニケーションの場で活かせる豊かな言語能力や知識を養成する役割を果たせると主張する。これと同じようなスタンスで多文化移民社会オーストラリアでは、言語教育がこの「第三の領域」での異文化理解能力育成に貢献できるとして、応用言語学者たちが異文化間言語学習の意義を示している（Lo Bianco et al.

1999)。上述した言語教育論においては、その実践には言語教育者の教師としてのアイデンティティや言語・文化に対する見方に変革が必要であることが繰り返し述べられている（Kramsch 2009; Lo Bianco 2014; Byram et al. 2018）。つまり言語教師は、もはや目標言語とその背景文化をマスターし熟知した「権威」ではなく、学習者の包括的な複言語能力・生涯学習能力を支援していく役割を担うことになるのである。

　また、ターゲット言語文化以外の言語文化を排除した言語教育については、言語が学習者にとってどのような象徴的・歴史的意味を持っているかということを反映しないことに起因する問題が指摘されてきた。Lin (1996) は香港の政府の教育政策上、英語教育における広東語の使用が否定的に捉えられているため、二言語使用がリテラシーの育成にもたらす利益や、香港で英語が持つ象徴的・歴史的意味合いを排除して行われている単一言語アプローチを批判的に考察した。批判的言語教授法のアプローチを広く論じてきたKubota（2015）も、その提唱する越境コミュニケーション（border-crossing communication）の一要素として、複言語教育アプローチの重視する言語教育における自己・他者・世界の理解の重要な役割に触れている。

　言語教育における多言語の使用については、二か国語話者のリテラシー習得に関し貴重な研究業績のあるJim Cumminsは、これまで二か国語・イマージョン教育がリテラシーの向上に相乗的な効果をもたらすと論じてきた。Cummins（2017）では、これまでの研究でわかっている六つのタイプの言語間の転移を挙げ、それらが多言語使用者・学習者にとって有用な言語習得のストラテジーであることを示唆している。さらに、二言語・複言語話者はその根底に内在する共通の言語能力にそれぞれの言語の運用力が支えられているモデルを示し、ターゲット言語のみを使用するモノリンガル指導方法に対し、言語間の有益な転移を妨げてしまうという疑問を投げかけている。

　しかし、ここで指摘しておくべきなのは、トランスランゲージングや複

言語教育アプローチに関する理論は、主にアメリカ・カナダ・イギリスなどにおける初中等教育レベルでの移民や継承語話者の複言語使用・言語習得に関する研究に基づいている点である。このような研究では、教育機関でつかわれる言語と家庭でつかう言語の教室における複言語使用や習得について考察が行われてきた。地域で広く使用されている言語ではない言語（「外国語」と呼ばれるもの）を主流言語の話者や留学生がターゲットとして学んだり、高等教育において言語を学ぶといった環境での複言語教育についてはあまり研究・議論がなされていない。ヨーロッパで広く実践されている内容言語統合型学習（Content and Language Integrated Learning: CLIL）が近年オーストラリアの中等教育でも広まりつつあり、内容言語統合型ということで複言語学習・トランスランゲージングのアプローチが取り入れられている場合が多く、日本語でもそういった実践が行われ、研究が少しずつ行われている。複言語教育と日本語に関する研究は筆者の知る限りまだ少ないが、Otsuji et al.（2018）は、日々の複言語コミュニケーションのなかで、大学生がレパートリーとして自分なりにクリエィティブに日本語やその他の言語をつかっている例を示し、言語間に「境界」を引かずに複言語使用を肯定的に見た言語教育の実践が必要だと述べている。上記のようなアプローチが広まっていくなかで、多文化・多言語社会といわれるオーストラリアにおける日本語教育の実践がどのようなものであり、どんな課題に直面しているかについて以下で論じる。

3. オーストラリアの高等教育における日本語教育

2016年の国勢調査によると、オーストラリアの人口約2340万人のうち海外で生まれた人の割合は3分の1、そして家庭で英語以外の言語を話すと答えた人は21％となっている（Australian Bureau of Statistics 2017）。また同統計によれば、家庭でつかわれている言語の数は300以上にのぼるということである。筆者が教鞭を執る大学があるヴィクトリア州では、家庭で

英語以外の言語を話す人の割合は人口の4分の1を超える26.0%（Department of Premier and Cabinet, the State of Victoria 2017: 2）である。日本語の学習者のなかには、一般に公の場や教育場面で広くつかわれている英語（英語はオーストラリアの公式な「国語」ではない）のほかに、複数の言語を日常使用している人も多い。しかし、限られたイマージョンスクールや日本人学校、また上述のCLILの授業を除いては、主流の教育機関では媒体言語は基本的に英語である。多文化主義を謳いながらも、社会全般そして学校教育において「モノリンガル思考」が根強いことは、Clyne（2005）をはじめ多くの研究者が指摘してきたことである。Turner et al.（2016）は、英語以外の言語背景を持つ市民の割合が高いにもかかわらず、多言語教育の発展・支援が近年後退しているオーストラリアの状況を嘆いている（ただし、中等教育の言語のカリキュラムが複言語教育・トランスランゲージングと同様な立場をとるようになっている点も指摘している）。

　大学教育（そしてほとんどの初中等教育）の現場においては、英語が基本的に媒体言語であり、日本語の授業では英語が日本語以外で全員に通じる共通言語となるわけである。しかし、移民背景の学生で英語以外の言語が継承語である学生も多く、第一言語が英語でない留学生も近年かなり増えている。2018年末の統計では、オーストラリアの留学生数は79万6130人にのぼり、そのうち高等教育は34万9152人となっている（Australian Government Department of Education 2018）。大学では、総合大学を含め留学生の割合が30%から40%であるところもあり（Burton-Bradley 2018）、日本語を履修している学生も含め、さまざまな言語背景を持つ学生が学んでいる。

　ここで継承語としての日本語教育について触れておく。オーストラリアにおいて日本語は、コミュニティ言語としては北京語やベトナム語、イタリア語などに比べると話者数がかなり少なく、2016年の国勢調査では日本語を家庭でつかっている人口は5万5953人と、その数は最も多い北京語の10分の1以下となっている（Special Broadcasting Service 2017）。中等教

育においては「第一言語としての日本語」、または「継承語としての日本語」、あるいは初等教育で日本語イマージョンのカリキュラムで日本語を学んでいる生徒が少数いるが、大学を含め教育機関全体では大多数が日本語を「外国語」として学んでいる。筆者の所属大学では、日本語が「継承語」にあたる学生と、「外国語」あるいは「第二言語」[3]にあたる学生が、同一のアセスメントの結果によってレベル分けされ、一緒に日本語の授業を受けている[4]。

4. 日本語教育と多言語世界とのギャップ

　日本語教育を移民社会・複言語社会オーストラリアというコンテクストで考えてみると、オーストラリア社会における複言語コミュニケーションの現実と日本語教育の実践のあいだにギャップがあるように思える。日本でさまざまな言語背景の学習者が日本語を学ぶ環境と違い、オーストラリアの教育機関では、学生が媒介言語である英語のリテラシーが高いことを前提にして日本語教育が行われている。したがって、初級や初中級では英語が授業でつかわれる場面が少なくない。課題の説明など書面でも英語をつかい、中級・上級になると日本語の割合が増えていくが、学生とのメールなどのやりとりも英語がほとんどである。さらに教師と学生、学生同士でトランスランゲージングが行われている場面もよくある。教師と学生間は日本語か英語が一般的であるが、学生同士ではペアワークやグループワークの際などに共通言語として中国語などがつかわれているのを耳にすることも日常的にある。

　しかし、「日本語だけでコミュニケーションを行うコンテクストを前提とする」というスタンスは、日本語教育だけでなく外国語教育一般において当たり前のこととして、その教材などに反映されている。日常生活、大学のキャンパスなどでは複言語コミュニケーションが当たり前となっている学生たちが、日本語なら日本語だけ、英語なら英語だけ、という「単一

コンテクスト＝単一言語使用」というコミュニケーションモデルを規範と
して学習活動を行っているのである。そしてそこでは、「日本人」と「日
本人」がつかっているような「正しい」日本語で話すことができるように
なることが目的とされている（Thomson 2010参照）。

　では、上述したような日本語教育と多言語社会のギャップを、実践でど
のように埋めることが考えられるだろうか。筆者が所属するメルボルン大
学（ヴィクトリア州）の初級レベルでは、オーストラリアの大学というコン
テクストで、学習者であると同時に「使用者」として日本語を話す場面を
想定したビデオ教材を用いている。このビデオ教材は、日本研究プログラ
ムのスタッフと文学部のE-teaching部門との協働により作成され、メルボ
ルン大学のキャンパスでのエピソードを上級レベルの学生・卒業生・日本
語母語話者が、日本語プログラムの学生と日本からの留学生の役を演じて
いる。実際、日本語を履修している学生が日本からの留学生やビジターと
キャンパスで会話をしたり、日本語以外の教科を一緒に履修したりするこ
とがあるため、学生たちにとっては「ありうる」シナリオとなっている。
そして、会話のなかには英語も出てくる。それがビデオに出てくる会話の
舞台となっているコンテクストにおいては普通だからである。ビデオは前
期と後期合わせて24週間の授業で2週間に1エピソード、合計12エピソー
ドあり、教科書で導入されているトピックや発話機能にある程度沿って
いるが、会話の切り出しから終結あるいは一区切りがつくところまでは、
1分30秒から2分ほどで、初級で使用している教科書の会話例より長いも
のとなっている。各エピソードのテーマは、表1－1のようになっている。
　最初の自己紹介のエピソードでは、以下のようなやりとりが行われる[5]。

美咲　　　　：Excuse me, is this Alice Hoy building?
ジェニファー：No, this is Asia Centre. Alice Hoy is that way.
美咲　　　　：Oh…thank you.
ジェニファー：No worries. あの、日本人ですか。

表1－1　初級ビデオ教材のテーマ

前期	後期
1.　自己紹介	7.　家族の写真
2.　カフェで	8.　日本クラブのパーティー
3.　週末の予定	9.　高校の友だち
4.　週末はどうでしたか	10.　夏休みの予定
5.　趣味	11.　アルバイトの面接
6.　引越し	12.　医者に行く

美咲　　　　：え、はい、あれ、日本語？

ジェニファー：はい。私の専攻は、日本語です。

美咲　　　　：そうですか。あのう、留学生ですか。

ジェニファー：いいえ、私はオーストラリア人です。出身はインドネ
　　　　　　　シアです。

　日本人留学生の美咲と、移民背景を持つジェニファーは、大学で初めて知り合う学生同士が話すときにベースとなる英語で会話を始めるが、日本語を学んでいるジェニファーは美咲が日本人かどうか確認し、会話を日本語に切り替える。会話は日本語で進むが、後半ジェニファーは英語・日本語間の切り替えをし、最後にまた英語に戻る。美咲もそれに応えて英語で会話を締めくくっている。

ジェニファー：ええと、美咲さんの専攻は何ですか？

美咲　　　　：国際関係です。

ジェニファー：国際関係ですか。International...

美咲　　　　：Relations.

ジェニファー：ああそうですね、国際関係。あ、すいません、今何時
　　　　　　　ですか。

美咲　　　　：えっと、2時半です。

ジェニファー：あ、すいません、I have to go now. あの、私はJapanese
　　　　　　　　Clubのメンバーです。これは私の電話番号です。
美咲　　　　：へえ、ジャパニーズクラブ。どうもありがとう。
ジェニファー：I have a class now, nice to meet you, bye!
美咲　　　　：Bye, nice to meet you.

　このビデオを見ると、日本語教材に英語が出てくることを滑稽に感じる
学生たちから笑いが沸き起こるのだが、そこで大学を含め普段の生活で複
数の言語をつかう機会があるかと問いかけることで、日本語が複数言語環
境でつかわれることが常軌を逸したことではないという認識を促すように
している。

　また、自己紹介のエピソードでジェニファーが美咲の専攻「国際関係」
の英語にあたる言葉を美咲から引き出したが、逆に日本語の学生が英語を
提示してそれにあたる日本語を聞き出す場面もある。9番目のエピソード
は、教室で授業が終わった後の会話という設定になっているが、英語をレ
パートリーとして共有していることから、以下のようなやりとりが出てくる。

テリー：美咲さん、ちょっと日本語について質問していいですか。
みさき：うん、もちろん。何？
テリー：ええとmulticultural society って、日本語で何？
みさき：ああ、それは、多文化社会。
テリー：なるほど。多文化、社会。どうもありがとう。

　実際に、国際関係やアジア研究の教科を日本人留学生と日本語の学生が
履修した場合、上記のようなやりとりがあるかもしれない。このようにビ
デオ教材には、複数の言語をレパートリーとして共有している状況で起こ
りうるやりとりを例として紹介し、そういったレパートリーを豊かにして
いくために役立つ日本語（およびコミュニケーション一般）の方略を身につ

ける機会が盛り込まれている。

　このような複言語使用は、Intercultural Learning in Japaneseという枠組みのシラバスで実践している上級レベルでも行われている。この教科のテーマは「グローバル化によって起こる日本語や日本社会の問題」となっており、日本の大学との共同プロジェクトでオーストラリアからのこのテーマに関する発信は日本語、日本からは英語のビデオ作成、というタンデムのかたちをとっている。ただし、それに関するオンラインのコメントに関しては、どちらの言語をつかうかは学生の自由な選択に任せられている。また、グループメンバーとのビデオ作成・プロジェクト計画に関わるディスカッションは、ある程度英語あるいはその他日本語以外の共通言語がある場合に、そういった言語で行われている部分があると思われる。一方で、教科の目標は日本語および日本研究に関する学術的なリテラシーの向上と、グローバル化に関する問題についての理解を、日本語や日本の大学生との交流を通して学ぶことにある。また、さまざまな文化背景を持つ学生間の意見交換を通じて自己と他者の理解を深め、高度な思考スキル（higher-order thinking skills）とメタ認知スキルの向上を図ることも目標として挙げられている（Toyoda 2015, 2016参照）[6]。

　学生たちが英語で、すでに日本語より高いレベルの高度な思考スキルを持っている場合、このようなシラバスにおいて、Cummins（2017）の提唱する複言語教育のモデルがポジティブに作用するということとつながるのではないかと思われる。上述の上級教科について考察したToyoda（2015）では高度な思考スキルの向上が認められたことが報告されているが、複言語使用自体が学びのなかでどのような役割を果たしていたかについては論じられていない。また興味深いことに、Toyoda（2016）は学習者の第二言語運用能力と高度な思考スキル運用との関連が見られなかったことを指摘している。オーストラリアの高等教育のような言語学習環境における、Cumminsのいうリテラシーの発達と二言語相互依存に関しては、これまでの多言語習得の研究とは異なった学習環境も考えると、今後さらに研究

が必要であろう。

　ここでもう一つ重要な側面として、大学教育という枠組みを考慮に入れる必要がある。言語カリキュラムデザインの主要な要素である学習方針（Nation et al. 2010）は、教育機関が掲げる教育指針に沿ったものでなければいけない。メルボルン大学では、卒業生の特性の一つとして「積極的市民性（Active citizenship）」を挙げており[7]、日本語・日本研究の分野が属する文学専攻の学習到達目標には、市民性、そして批判的・内省的思考が含まれている。これはCEFRの複言語アプローチにおける市民性の育成という目標に重なっており、言語習得の過程における複言語使用がそれにつながっていくのであれば、上級でも複言語アプローチを取り入れることが有用ではないかと思われる。

　しかし一方で、現実的な言語学習環境の問題として、1週間に4時間（から6時間）、1年間で前期・後期それぞれ12週間の授業時間というカリキュラムを考えると、日本語自体の運用能力を高めるための時間が限られてしまうという懸念がある。さらに、ポップカルチャーなどを通じて「日本を消費する」（Stevens 2010）活動の一環として日本語を履修している学生が近年大幅に増えていること（トムソン 2010; Armour 2015など）を考えると、学習者のニーズとカリキュラムのあいだにギャップが生じてしまうことにもなる。また、オーストラリアのような英語圏の教育機関には、英語が第一言語ではない学生の割合も多く、Ōhashi（2009）が指摘するように、このような学生たちにとっては、日本語学習が、英語が第一言語ではないことに起因する階層意識から解放される場ともなっていると考えられる。野村ほか（2018）は香港の青少年学習者のエスノグラフィーをもとに、日本語が教育制度や社会の抑圧に対抗するアイデンティティを手がかりとして「心の拠り所」になっている例を論じている。このように日本語を「心の拠り所」としている学習者がオーストラリの教育機関にいても不思議ではなく、実際、筆者自身も学生たちが日本語の授業を大学生活のなかで「心の拠り所」としていると感じた経験がある。このような側面を考えると、

オーストラリアの教育機関では、イマージョンのような場合を除いて、複言語主義的なアプローチで実践を行うのは限られた範囲にならざるをえないかもしれない。しかし、グローバル化が進むなか、多言語環境で日本語をつかう場も増えており、日本語が既存の日本語の教科書のような場面以外でもいろいろなかたちでつかわれている。それを教える側も学ぶ側も意識しつつ、実践に活かして柔軟な姿勢で自己・他者・世界を理解し関わっていく力を身につけられるような教育を目指すことが必要であろう。

5. 日本語の「遠心力」と日本語教育

　ここで、日本語学習者・使用者から、世界における日本語の使用範囲に目を向けてみたい。現代では、英語を世界のさまざまな場所・場面で、さまざまなかたちでつかわれる言語として捉え、World Englishesという用語が広くつかわれるようになっており、応用言語学・社会言語学の分野でも研究が盛んに行われている（Kachru 1992; Kirkpatrick 2007）。Kachru (1992) の分類では、英語が主な言語として使用されている地域を「中心円（The Inner Circle）」、元植民地などであったために英語が第二言語や共通語として、また教育や法制度などにおいて広くつかわれている地域を「外周円（The Outer Circle）」、そして英語は歴史的にも制度的にもつながりが弱いが、国際コミュニケーションの場でつかわれる地域を「拡張円（The Expanding Circle）」と呼んでいる。このモデルを日本語に適用してみた場合、概観すると「中心円」は日本であり、「外周円」には、日系の移民コミュニティがあるブラジルやハワイなどに生活言語としての日本語話者がいる地域がある。また、高齢になってきているが日本語話者が残っている台湾、韓国や南洋群島などの旧植民地もあるが、これらの地域を合わせても英語の広がりに比べるとこの外周円の規模ははるかに小さい。そして「拡張円」には、日本語がいわゆる「外国語」として主に捉えられており、社会のなかで日本語が使用されている規模が非常に小さい地域とし

て、オーストラリアや中国、ベトナムなど多くの地域が入るといえよう。

　しかし、グローバル化とテクノロジーの進化により日本語使用の目的や場面も多様化しており（Armour 2015参照）、Kachruの同心円モデルでは「世界の日本語」を（「World Englishes」もそうであるように）上記のように分類することには問題があるといえる。オーストラリアの在留邦人数は9万7223人、日系企業数は 713（2017年10月1日現在：外務省 2018）と、北米やアジアに比べると少ないが、大学で日本語を勉強して卒業した学生が日系企業で働いたり、オーストラリア企業や公的機関で日豪関係に関わる部署に入り日本語をつかっているということもある。家庭で日本語をつかってコミュニケーションしている人は、2016年の統計では5万5958人と、2011年の4万3690人から 1万2268人（28%）増えている（.id the population expertsを参照[8]）。さらに、日系企業以外にも、日本関係の仕事に関わっており日本語をつかう機会がある人々もいる。たとえばメルボルン大学で日本語を勉強した卒業生のなかには、学生時代からボランティアとしてメルボルン商工会議所・日本人会が主催している「メルボルン夏祭り」に関わり、卒業後も運営委員会で夏祭りの準備や運営、司会などを引き受けている人もいる。また、大学院で学ぶかたわら、学部に来る日本からの訪問者受け入れの助手をしたり、日本映画の字幕作成に関わったりしているケースもある。政府機関に就職しアジア関係の職務に就いて仕事で日本語をつかったり、日本出身の配偶者と家庭で日本語をつかっている卒業生もいる。こういった卒業生のなかには、いわゆる「移民社会」オーストラリアを反映し、日本語を第二言語ではなく、第三、第四言語としてつかっている複言語話者も少なくない。

　メルボルンはオーストラリアで2番目に人口が多い都市で、ヴィクトリア州の州都であるが、総領事館をはじめ商工会議所、日系企業、合気道教室から太鼓グループ、茶道裏千家協会、カラオケ屋まで、「日本」とつながるさまざまな機関・ビジネスがあり、日本語の学生たちにかぎらず、メルボルンの市民はいろいろなかたちで日本と関わったり、日本を「消費」

したりしている。最も顕著な例は日本食の外食産業で、オーストラリア全体では日本食店は1600店にのぼり（首相官邸 2016）、筆者も学生から新しい行列ができるラーメン屋について教えてもらったりしたことがある。

　このような背景を踏まえ、メルボルン大学ではその初級プロジェクトとして、日本語の学びが地図上に国境で示される「日本」を中心としないところにもあること、そして日本語使用者としての主体性を意識した活動をするため、オーストラリアの日本、世界の日本という視点からプロジェクトを行っている。このプロジェクトはJapan in Melbourneというトピックで、グループでメルボルンで見つけられる「日本」について調べ、体験し、日本語でそれについてクラス発表およびレポートというかたちで報告するというものである。調べと体験については、日本語にかぎらず何語でもよく、対象は日本人経営のビジネスでなくてもよいことにしてある。ここでは「中心円」の日本を中心から外して（'decenter Japan'：Nakane et al. 2015: 9参照）、「日本に在住する日本人」「日本人母語話者」だけをターゲットにせず、日本語使用者・日本と関わる一市民としての学びを支援するのを目的としている。

　これまでに対象となったもののなかには、日本食レストラン、武道の道場、習字教室、カラオケ屋、盆栽専門店、州立美術館の日本美術展示などがある。例年いくつかのグループが訪問している市内のKimono Houseでは、経営者でメルボルン出身のLeanne O'Sullivan氏が着物や日本の織物などについてさまざまな話をしてくれている[9]。また、カラオケ屋に行ったグループが、カラオケに多言語の選択肢があったこと、それをどのようにつかって楽しんだか、また店について従業員から聞いた話などを報告したこともある。他の例として、日本拠点のお茶のお店が、地元の客層に日本茶の魅力をアピールするだけでなく、日本からの観光客にオーストラリアらしいお茶のお土産を提供していることなどの報告もあった。クラス発表では、メルボルンのコミュニティでどのような日本が体験（あるいは消費）されているのか、そしてどのような人々がどういったプロセスに

関わっているのか、日本語をつかって学生と教師とがメルボルンの日本についての情報を伝達共有している。ここでは、学生たちがメルボルンの日本が「自分たちの日本」であるという意識を持ってそれを調査し伝え合うことで、Kachruの同心円の中心が「拡張円」の環境にシフトしたようなかたちで学習活動が行われているともいえる。また、前節で示唆したように、学習者が複言語話者であっても、大学の「言語教育」の枠組みで学んでいる日本語（またその他の「目標」言語）と「英語」「家庭でつかう言語」が分離して意識されていると、教育機関の枠組みのなかで学んでいる言語を多言語社会における生きた言語リソースとして活用することが阻まれてしまう。そういった意味で、日本語に「遠心力」を働かせるような活動が、オーストラリアの高等教育のような学習の場では必要ではないかと思われる。グローバル化によって「外的」なものであった言語や文化が「内的」なものとして日々の生活に取り込まれてくる環境を十分に理解し、それに適応した実践を行うこと（Lo Bianco 2014）が、日本語教育には求められているのではないだろうか。

　少し別の角度から見ると、このプロジェクトは初級レベル教科の2学期目に行われるのだが、プロジェクトを開始した2015年以来、履修者数が約300～400人とかなり多い。つまり、例年100以上の3人グループがメルボルンでこのプロジェクトを行い、日本関係の仕事に関わっているメルボルンコミュニティの人々と交流しているのである。このコミュニティとのつながりについては、次の節で実践を例にとってさらに論じていく。

6.　多言語世界・コミュニティに発信する日本語教育

　ここまで日本語教育を、多言語世界というコンテクストに置かれた教育実践、学習者、教師、という視点から論じてきたが、少し視点を変え、多言語世界・コミュニティにとっての日本語教育はどういう意義を持つのか考えてみたい。大学で日本語を学んでいる学生や学んだ卒業生が、「レ

パートリーとしての日本語」を複言語話者として使用していくとして、コミュニティのほうはどのような捉え方をするであろうか。上述したように、メルボルンではさまざまな場面で日本語がつかわれており、日本語の母語話者と第二言語話者のやりとりもある。Thomson（2010）は、日本語の母語話者や教師が第二言語話者に「正しい日本語」を求め、「間違い」を正すことに集中するあまり、学習者の主体性言動や自己表現の機会が奪われてしまうのを危惧している。Yoshida（2017）は、オーストラリアの日本語学習者がアルバイト先の日本語母語話者である上司に冗談混じりに「下手な日本語」を指摘され、さらにはそれに対する返答を「訂正」している場面を分析し、このようなやりとりによって第二言語話者は母語話者との関係において「能力のない日本語使用者」というレッテルを貼られることになると述べている（2017: 195）。こういった母語話者の言語のみを言語教育の「正しいモデル」として認めるイデオロギーはそう珍しくはないだろう。実際、第2節で例に挙げたビデオがE-teachingのワークショップで紹介されたとき、「（出演者の）日本語はとても上手な日本語なのか」という質問が他の言語プログラムのスタッフから出たことがある。これも、上述のようなイデオロギーがいかに言語教育の場で根強いものであるかを反映した出来事であるといえる。

　では、上記のようなイデオロギーに働きかけるためには、日本語教育はどう動いていけばよいのだろうか。コミュニティに発信し、学生も教師も、教育機関も関わっていくためにメルボルン大学で行った取り組みをいくつか以下に紹介する。大学では常に研究者や著名人による一般向けの講演会やセミナーなどが行われているが、日本研究プログラムではこういったイベントにさまざまな分野で活動する卒業生や現役の学生がパネリストとして入ることがある。たとえば、これまでに「Cool Japanフォーラム」では、元日本大使・領事館文化広報担当者、メルボルン大学の学生・卒業生・教師がパネリストになり、各自にとっての「Cool Japan」について意見を交わした。また、「グローバル化と日本語」のフォーラムでは、特

別招待研究者、日系企業に勤務する卒業生、メルボルンの高校の日本語教師、大学のプログラム教員がパネリストとして発表した後、現役の学生やメルボルンコミュニティで日豪関係に携わっている参加者がグループディスカッションを行った。ディスカッションでは、日本語や日本語使用者がグローバル化のなかでいかに変動しており、それに伴う課題は何かなどについて話し合いが活発に行われた。

　また、日本語プログラム100周年記念のイベントでは、テレビの料理・グルメ番組で広く知られ、マレーシア生まれで中国語・英語・日本語の複言語話者である Adam Liaw 氏を招いて、日本語との関わりについて講演をしてもらった。彼は大学や学校で日本語を勉強した経験はないのだが、オーストラリアの大学で法律を専攻した後、Walt Disney Company の弁護士として東京で働いていたときに日本語を話すようになったという。その後、一般の人が料理の腕を競い合うテレビ番組「Master Chef」で優勝し、テレビ出演やレシピ本の出版で知られるようになった。日本出身の配偶者と子どもたちとシドニーに在住しており、仕事だけでなく家庭でも日本語をレパートリーとしてつかっている Liaw 氏は、「理想の日本語第二言語話者」（Thomson 2010）でも「努力に努力を重ねて日本語を磨き上げた研究者」でもない。しかし、農林水産省が任命した2016年の「日本食普及の親善大使」であり、多言語世界で日本語をレパートリーとしてつかっているオーストラリア人の複言語話者として、彼は非常にメッセージ性が高く、インパクトの強い講演者だといえる[10]。Kubota（2015）は、言語教育において「越境コミュニケーション」の力をつけることの意義を論じ、そのために必要な「基礎的な性向」として、「自己と他者の文化や歴史について学ぶ意欲、そして偏見のない反人種差別的な姿勢」（2015: 72）を挙げている。Liaw 氏は、母方の祖父がシンガポールで日本軍の捕虜として収容され、さらに父親が中国系マレーシア人の移民としてオーストラリアに移住した。こういった背景から、自身や子どもたちの、日本やその歴史との関わりについても、これまで公の場でコメントしつつ、複言語話者と

してまた世界の料理をオーストラリアに紹介する著名人として、ポジティブなメッセージを発信している。メルボルンの日本人コミュニティや日豪関係に携わる人々、そして学生や卒業生が集まる講演会にLiaw氏を講演者として招いたのは、こういった趣旨からでもあった。日本語教育学会は、その使命を「人をつなぎ、社会をつくる」こととしており、表明文には学会は「人の成長や、日本国内外の人と人をつなぐ、豊かな社会づくりにおいて大きな役割を果たすことを目指している」とある（伊東 2017: 10-11）。上記の実践例は非常に限られたものであり、リソースの面などからもそう頻繁に行えるようなものでないが、学生、教師、プログラムや教育機関とコミュニティのつながりのなかで、学生が批判的内省的視点から自己・他者・世界の理解を深めるだけではなく、日本語教育自体が多言語世界に向けて積極的に働きかけをする実践が求められている。

7.　多言語世界の日本語教育：イデオロギーの転換

　多言語社会は近年に始まったことではなく、オーストラリアの先住民アボリジニのコミュニティなどでは、運用能力の異なる複言語レパートリーをつかい、お互いの言語を維持し、アイデンティティを尊重し合ってコミュニケーションが長い間行われてきている（Singer 2018など）。しかし、グローバル化やテクノロジーの進化によって、日本語が複言語コミュニケーションのレパートリーとしてつかわれる度合いが増しているのは確かであろう。日本国内でも複言語コミュニケーションが行われる機会は急速に増えていくであろうし、オーストラリアのように移民国でWorld Englishesの「中心円」であるといわれる国でも日本語をつかう人・目的・場面が増加し、多様化している。そのようななかで、ディスコースを含めた言語的「規範」の習得を超え、日本語話者や日本語がつかわれる領域に関した力関係に批判的意識を持ち、学習者が日本語を通じて関わる多言語世界の人々とともに自己・他者・世界の理解を深めていくのを可能にする

言語教育へのイデオロギーの転換が求められている。

■ **注記**

(1) 本章に引用した外国文献の翻訳は筆者による。

(2) 「複言語」は、CEFRのPlurilingualismの概念に基づいた立場をとくに意識して使用しているが、本稿では「多言語」「複言語」の両方を互換できるものとして使用する。

(3) 「第二言語話者」というよりadditional language speakerのほうがここでは適切であるが、これを訳した「追加言語話者」は定着していないので、本稿では第三、第四言語話者なども含めた意味で「第二言語話者」を使用する。

(4) 多文化多言語国家オーストラリアと「移動する子どもたち」の日本語学習については、トムソン（2013）を参照。

(5) ここで紹介するエピソードのビデオは以下のリンクからアクセス可能。https://vimeo.com/112452489/5e439daf86; https://vimeo.com/112451772/2c0e708aea

(6) Intercultural Learning in Japaneseについてはhttps://interculturaljjapanese.weebly.com/about.html を参照。

(7) University of Melbourne Graduate Attributes: https://provost.unimelb.edu.au/teaching-learning-SL/the-melbourne-graduate

(8) .id the population expertsはオーストラリアとニュージーランドの人口調査統計に関する専門家チームが運営し、地方自治体などに情報を提供するウェブサイトである。言語に関する統計は以下を参照した。https://profile.id.com.au/australia/language （2018年11月15日）

(9) https://kimonohouse.com.au/ より。O'Sullivan氏のプロジェクトへの温かい支援に感謝を申し上げたい。

(10) 講演に合わせて公開したポッドキャストのリンクを参考として以下に記す。

　　 Celebrity Chef Adam Liaw on Life at the Intersection of Nearly Everything. Ear to Asia (Episode 11). Asia Institute, University of Melbourne. https://arts.unimelb.edu.au/asia-institute/resources/ear-to-asia/ear-to-asia-podcast-archive/ear-to-asia-archive/episode-11-celebrity-chef-adam-liaw-on-life-at-the-intersection-of-nearly-everything

■引用・参考文献

伊東祐郎（2017）.「公益社団法人としての新たな出発：新時代に向けての組織改編とアクションプラン」『日本語教育』168, 3-15.

外務省（2018）.「海外在留邦人数調査統計」. https://www.mofa.go.jp/mofaj/toko/page22_003338.html（2019年5月30日閲覧）

首相官邸（2016）.「国・地域別の農林水産物・食品の輸出拡大戦略」. https://www.kantei.go.jp/jp/singi/nousui/pdf/all_country.pdf（2019年5月30日閲覧）

當作靖彦（2013）.『NIPPON3.0の処方箋』講談社.

トムソン木下千尋（2010）.「オーストラリアの日本語学習者像を探る」『オーストラリア研究紀要』36, 157-170.

トムソン木下千尋（2013）.「移動する子どもが特別ではない場所」川上郁雄（編）『「移動する子ども」という記憶と力：ことばとアイデンティティ』（pp. 144-165）くろしお出版.

野村和之・望月貴子（2018）.「心の拠り所」としての日本語：香港人青少年学習者による日本語学習のエスノグラフィー」『日本語教育』169, 1-15.

Armour, W. S. (2015). The geopolitics of Japanese soft power and the Japanese language and studies classroom: Soft power pedagogy, globalization, and the new technologies. In I. Nakane, E. Otsuji & W. S. Armour (Eds.) *Languages and identities in a transitional Japan: From internalization to globalization* (pp. 37-56). New York & London: Routledge.

Australian Bureau of Statistics (2017). Census reveals a fast changing, culturally diverse nation. http://www.abs.gov.au/ausstats/abs@.nsf/lookup/Media%20Release3 (accessed November 15, 2018.)

Australian Government Department of Education (2018). International student data. https://internationaleducation.gov.au/research/International-Student-Data/Pages/InternationalStudentData2018.aspx (accessed May 10, 2019.)

Burton-Bradley, R. (2018). Poor English, few jobs: Are Australian universities using international students as 'cash cows'? *ABC News*, November 27. https://www.abc.net.au/news/2018-11-25/poor-english-no-jobs-little-support-international-students/10513590 (accessed November 28, 2018.)

Byram, M. & Wagner, M. (2018). Making a difference: Language teaching for intercultural and international dialogue. *Foreign Language Annals*, 51, 140-151.

Clyne, M. (2005). *Australia's language potential*. Sydney: University of New South Wales Press.

Council of Europe (2001). *Common European framework of reference for languages: Learning, teaching, assessment.* Cambridge: Cambridge University Press.

Cummins, J. (2017). Teaching for transfer in multilingual school contexts. 103-115. doi:10.1007/978-3-319-02258-1_8

Department of Premier and Cabinet, the State of Victoria (2017). *Victoria's diverse population: 2016 Census.* https://www.multicultural.vic.gov.au/images/2017/2016-Census-DPC-Victorias-Diverse-Population-brochure.pdf (accessed November 15, 2018.)

García, O. (2009). *Bilingual education in the 21st century: A global perspective.* Boston: Basil Blackwell.

García, O. & Li, W. (2014). *Translanguaging: Language, bilingualism and education.* New York: Palgrave Macmillan.

id.community demographic resources (n.d.) Australia: Languages spoken at home. https://profile.id.com.au/australia/language (accessed June 15, 2019.)

Kachru, B. B. (1992). *The other tongue: English across cultures.* Urbana: University of Illinois Press.

Kirkpatrick, A. (2007). *World Englishes: Implications for international communication and English language teaching.* Cambridge: Cambridge University Press.

Kramsch, C. (2009). Third culture and language education. In V. Cook & L. Wei (Eds.) *Contemporary applied linguistics* (pp. 233-254). London: Bloomsbury.

Kubota, R. (2015). Paradoxes of learning English in multilingual Japan: Envisioning education for border-crossing communication. In I. Nakane, E. Otsuji & A. William (Eds.) *Languages and identities in a transitional Japan: From internationalization to globalization* (pp. 59-77). New York: Routledge.

Lin, A. M. Y. (1996). Bilingualism or linguistic segregation?: Symbolic domination, resistance, and code-switching in Hong Kong schools. *Linguistics and Education*, 8, 49-84.

Lo Bianco, J. (2014). Domesticating the foreign: Globalization's effects on the place/s of languages. *The Modern Language Journal*, 98(1), 312-325.

Lo Bianco, J., Liddicoat, A. & Crozet, C. (1999). *Striving for the third place: Intercultural competence through language education.* Melbourne: Language Australia.

Nakane, I., Otsuji, E. & Armour, W. S. (2015). Languages and identities in a transitional Japan. In I. Nakane, E. Otsuji & W. S. Armounr (Eds.) *Languages and identities in a transitional Japan: from internationalization to globalization* (pp. 3-11). New York: Routledge.

Nation, I. S. P. & Macalister, J. (2010). *Language curriculum design.* New York: Routldege.

Ōhashi, J. (2009). Natural conversation reconstruction tasks: The language classroom as a meeting place. *PORTAL: Journal of Multidisciplinary International Studies*, 6, 1-15.

Otsuji, E. & Pennycook, A. (2018). The translingual advantage: Metrolingual student repertoires. In J. Choi & S. Ollerhead (Eds.) *Plurilingualism in teaching and learning: Complexities across contexts* (pp. 71-88). New York: Routledge.

Singer, R. (2018). A small speech community with many small languages: The role of receptive multilingualism in supporting linguistic diversity at Warruwi Community (Australia). *Language & Communication*, 62 (Part B), 102-118.

Special Broadcasting Service (2017). Census explorer: How your Australia is changing. https://www.sbs.com.au/news/census-explorer?cid=inbody%3Athe-sbs-census-explorer-is-here-to-tell-you-how-your-community-is-changing (accessed May 30, 2019.)

Stevens, C. S. (2010). You are what you buy: Consumerism and fandom in (post)modern Japan. *Japanese Studies*, 30(2), 201-216.

Thomson, C. K. (2010). Who is to say 'Your Japanese is incorrect'?: Reflection on 'correct' Japanese usages by learners of Japanese. *Japanese Studies*, 30(3), 427-441.

Toyoda, E. (2015). Relationship between higher-order thinking skills and L2 performance. *Electronic Journal of Foreign Language Teaching*, 12(2), 200-218.

Toyoda, E. (2016). Intercultural knowledge, awareness and skills observed in a foreign language classroom. *Intercultural Education*, 27(6), 505-516.

Turner, M. & Cross, R. (2016). Making space for multilingualism in Australian schooling. *Language & Education: An International Journal*, 30(4), 289-297.

Yoshida, M. (2017). *Negotiation of gendered language and social identities by students of Japanese as an additional language in Australian universities*. PhD thesis, University of Melbourne.

第2章

オーストラリアのバイリンガル教育の現場における教師間協働への一考察

日本語と教科担当の各教師の役割と内省に注目して

金　孝卿

門脇　薫

1. はじめに

　国際交流基金の調査によれば、2018年現在、世界の142の国・地域の日本語教育機関で384万人以上の学習者が日本語を学び、その半数近くの44.2％が中等教育機関で学ぶ学習者である（国際交流基金 2019）。とくに、インドネシア、韓国、タイの中等教育段階の学習者数が上位を占めており、現地の非母語話者教師とともに、日本語母語話者の日本語教師やアシスタントが現地の中等教育機関の日本語の授業に参加する機会も増えてきた。

　この現状を踏まえ、門脇（2015）、Kadowaki（2018a, 2018b）は、海外における日本語母語話者教師と非母語話者教師の協働に関する一連の研究を行っている。韓国とタイを中心とした調査を行い、各々の国の中等教育機関における教師間協働の実情と課題を示している。門脇（2015）によれば、韓国の高校においては日本語母語話者教師の必要性や存在意義は認められるものの、その役割意識や関わりが主に言語や文化における「ネイティブ性」に集中しており、教師間での協働のよさや、いわゆる教室内で行われるティームティーチングの方法についての知識と経験までは共有できていないと指摘している。具体的には、日本語母語話者教師が単独で教えるのは多くの場合「会話」や「作文」であり、また「日本文化紹介」や「日本との交流促進」といった「ネイティブ性」を活かした科目担当や教育活動上の役割が期待されているという。

　中山ほか（2015）は、タイの中等教育機関（高校）で教える日本語母語話者教師とタイ人教師に対して、仕事上で関わりのある両者がどのような役割意識を持っているかについて調査している。日本語母語話者教師は、自らの役割として正確な発音や読み方の指導を行うべきことを意識しており、そのための実践を行ったり、生徒が産出した会話や作文をチェックするなど、日本語母語話者としての言語能力を発揮し始めるという。その裏

返しとして、日本語母語話者教師が考える教師間協働におけるタイ人教師の役割では、教科書の文法説明でタイ語によるきめの細かい説明やクラスコントロール、シラバス作成などが期待されたりするという。中山は、このような意識の表れ方から「ネイティブ性」が両義的な価値を持っており、そこには現地の教育機関からの期待が大きく影響していると指摘している。さらに、こうした「ネイティブ性」は日本語使用を介して顕在化されるとし、それを基盤にした固定的な役割意識からの解放という観点から今後の教師間協働のあり方を考える必要性を論じている。

　では、海外の日本語教育現場における教師間協働のあり方を捉えるにはどのような観点が求められるだろうか。Bailey et al.（1992）は、言語教育の文脈において、いわゆる同じ教室で複数の教師が特定の科目または複数科目を教えるといった狭義のティームティーチングに対して、より多様なタイプの教師間協働が存在すると指摘している。とくに、学習者主体の教授や協働学習による教室づくりなどを目指すための教師間協働として、同一のカリキュラムのもとで複数の教師が計画段階で協働するタイプ（Coordinated Team Type）を挙げている。

　池田ほか（2007）は、日本語教育においての協働の主要概念として「対等」「対話」「プロセス」「創造」「互恵性」を提示している。池田（2015）によれば、「対等」とは、協働する前提として協働の主体が互いを尊重することを指す。協働する主体が持つ知識や情報は、それぞれの文化背景のなかで培われた独自のものであり、それらは決して、単純に優劣や量を比較できるものではないことを意味している。「対話」とは、協働を進めるための手段を指す。対話によって安全・安心な場所をつくり、信頼によって支えられる協働関係が創られるということである。「プロセス」とは、協働する対話のプロセスを指す。一人で行っていた思考に他者の視点が加わることでそのプロセスが発展し、共有の創造を生み出す。「互恵性」とは、協働する主体同士の関わりのプロセスやその成果が各自の成長と、両者にとっての独自の成長の可能性を指す。「創造」とは、対等を前提とし

て対話を手段とする協働の営みの成果を指す。認知科学や教育学の研究では、対話を中心とした協働学習は、単なる知識や情報の総和を超え、個々人の創発的学びを引き起こすものとされる。協働による学びの最も大きな意義は、一人では得られなかった新たな成果を生み出すことにあるといえる。

　これらの観点に照らし、海外の日本語教育現場における教師間協働のあり方を捉えてみるとどうだろうか。まず、日本語母語話者教師と現地の非母語話者教師がともに教育活動を行うことは、いかなる形態であれ、それなりの時間と労力がかかる。協働の主体である教師は、少なくとも現地の教育機関における教育理念や日本語教育の目的および教育上の課題を共有し、カリキュラム上の教育目標・方法を理解し、緊密な協力関係を構築しなければならない。現地における日本語母語話者教師の立場が正規教員であれ、ティーチング・アシスタントであれ、こうした教育活動に関わるプロセスと教育上の課題を何らかのかたちで共有することは必須であろう。また、各教師が持つ知識や情報が教育活動のなかで互いに価値づけられ、対話によってそれらが共有されることが望ましい。さらに、対話のプロセスから生み出された新たな価値は、教師個人の成長のみならず、学習者や他のステークホルダーを含む教育機関全体の成長につながることが理想であろう。

　本稿では、オーストラリアの現場を取り上げ、日英バイリンガル教育プログラム[1]における教師間協働の実態を、現地教師へのインタビュー調査をもとに、教師の役割と内省に注目して分析する。海外の日本語学習者の多くは中等教育の学習者であるが、オーストラリアでは初等教育の学習者が多く、学校教育で日本語のバイリンガル教育を行っている点が特徴的である。今回の調査結果をもとに、海外の日本語教育現場における教師間協働のあり方について考察を行う。

　次節では、オーストラリアのバイリンガル教育と本研究の対象校におけるバイリンガル教育プログラムの特徴について述べる。

2.　オーストラリアのバイリンガル教育

　オーストラリアのバイリンガル教育においては、さまざまな形態の教育プログラムが行われている。その一つとして、CLIL（Content and Language Integrated Learning：内容言語統合型学習）のような教科と言語を統合的に学ぶことを目指す教育プログラムが挙げられる。Fielding & Harbon（2014）によれば、オーストラリアのバイリンガル教育は学校や地域によって個々のプログラムの一つとして開発されており、二つの言語の発達を並行して図る教育プログラムが行われているという特徴がある。特定の教科を二つの言語で同時に学ぶこれらのプログラムは、時に'partial immersion'、'dual language'、またはCLILプログラムとされている。CLILモデルを用いたバイリンガルプログラムは、小学校での言語プログラムにおいて、既存のカリキュラムに無理なく組み込むための一つの方法として考えられている。

　一方、このようなプログラムでは、教科や言語を担当する教師間の密接な協働が求められる。Turner（2013）は、CLILによる日本語バイリンガル教育プログラムについて、その可能性と課題を述べている。教師間の協働という観点からいくつか重要な示唆をまとめると次の点が挙げられる。

　第一に、言語使用（Communication）および科目間の内容（Content）面の協働である。CLILアプローチの核は、目標言語を介して理科や歴史といった教科の内容を学ぶことにあり、教科知識の修得と言語の発達の両方の連続的な概念化が図られる。さらに、その学びのプロセスでは、オーストラリアの学習者の持つ第一言語（L1）や第二言語（L2）の力を考慮した柔軟な言語使用を含むものであるべきとしている。

　第二に、日本語のCLILプログラムに合った教授リソースの開発と共有である。これには時間と労力がかかるため、教師間および学校側との高度な協働が必要となる。第三に、教師の二言語使用の重要性についてであ

る。CLILが目標言語の学習を目指すにもかかわらず、特定の教科学習において両言語の教師が互いの言語で語彙や概念の説明を試みたり、二つの言語間を行き来する環境は、学習者の対人コミュニケーションと学習ツールとしての言語使用においてきわめて重要である。第四に、日本語と学習者の言語間の距離を考慮することである。オーストラリアの学習者にとって、日本語の体系はヨーロッパ言語とは異なり、多くの学習時間と認知的な負荷がかかることが知られている。したがって、オーストラリアの学校教育においては、こうした言語間距離による学習者の個人差を配慮した協働学習の実践が求められるということである。

本稿では、オーストラリアの初等教育における日英バイリンガル教育プログラムの事例[2]を取り上げ、教科や言語を担当する教師間の密接な協働の実態について、日本語と教科（英語や他の教科）担当の各教師の役割と内省に注目して教師の語りを分析し、教師間協働のあり方について考察する。

2.1　対象校におけるバイリンガル教育プログラムの特徴

対象校のバイリンガル教育プログラムの特徴として、バイリテラシー（biliteracy）の育成を目指すアプローチと、CLILモデルに基づくアプローチの二つを取り入れていることが挙げられる。前者は、英語と日本語のリーディングとライティング教育を中心としたもので、授業の進め方や読み書きの学習ストラテジーを英語と日本語科目で共通にし、両言語で行うといったものである。後者は、理科や社会などの教科の内容を両言語で教え、教科の理解と言語発達の両方を図るものである。具体的には、Contents（教科の内容）・Communication（言語学習と言語使用）・Cognition（学習と思考）・Culture（異文化間理解・自己と他者への理解の深化）の四つの枠組みを意識した教育活動を行っている（Coyle et al. 2010）。

バイリテラシーとは、二言語による読み書き能力および解読する能力のことであり、口頭表現能力や口頭言語の理解にとどまらず、学習・認知面

での利点も期待できる（Brown 2005）。均衡な二言語併用が実現された場合、認知発達（柔軟性や創造性など）やメタ言語能力の発達が期待できるとされる。また、学習言語能力の発達において第一言語と第二言語が深く関わっていることはよく知られている。これらの点を踏まえれば、対象校においては、英語や他の教科担当と日本語担当の各教師はこうした二言語発達の特徴を理解し、生徒の認知と言語の発達プロセスについての綿密な情報共有をすることが必要であろう。

CLILにおける言語の教師と教科担当の教師間の協働について、Dale et al.（2012）は、教師間協働を考えるための観点として、「同僚間で互いの言語学習を助ける仕組み」、「学習者についてのフィードバックの共有」、「教科・言語の両教師のためのリソース」、「教科と言語担当の教師の共同作業（例：横断カリキュラムのプロジェクトをデザインする）」、「教科と言語の両方でつかえる評価観点や到達目標の共有」、「教師研修やワークショップの機会の有無」などを挙げている。

上記の二つのアプローチを用いたバイリンガル教育プログラムを実施している対象校では、意識的に担当教師間で協働体制を組んで取り組んでいる。では、一連の取り組みのなかで日本語と教科担当教師は、それぞれの役割をどのように意識し、それぞれの教育活動の経験をどのように評価しているのだろうか。以下では、インタビュー調査から得られた各教師の声をもとにその結果をまとめる。

3. 研究の方法

調査協力者は、対象校におけるバイリンガル教育プログラムで教える教師6名である。内訳は、教科（英語や他の教科）担当教師（英語が主言語、または日・英二言語使用者）3名（以下、教科担当教師）と、日本語担当教師（日本語が主言語、または日・英二言語使用者）3名（以下、日本語担当教師）である。教科担当教師には、オーストラリアで学校教育を受けた日本語母語

話者が1名含まれている。日本語担当教師は日本語母語話者で、対象校でのバイリンガル教育歴は7〜15年である。生徒に関しては、対象校には、英語も日本語も第一言語ではなく、別の言語を継承語・第一言語とする生徒も少なくない。日本語に関しては、両親のどちらかが日本語母語話者である等、継承語として日本語を学ぶ生徒もいるが数は限られており、外国語として日本語を学ぶ生徒がほとんどである。

　調査方法は、2016年9月に、対象校の教師を対象に、事前に質問紙を配布し、後日、その回答をもとに対面で一人30分（ペアの場合は1時間）程度の半構造化インタビューを行った。質問項目は、門脇（2015）の量的調査の質問項目を踏まえつつ、バイリンガル教育現場の文脈を考慮して表2－1の内容で構成した。以下では、教師の語りの文字化資料から、教師間協働についての語りを抽出し分析した結果を述べる。

表2－1　半構造化インタビュー調査の質問項目

⑴当該校のバイリンガル教育プログラムにおいて、日本語と教科担当教師が協働で取り組むようになった経緯。

⑵日本語と教科担当教師とどのような形態で教えているか。
　（学期が始まる前・学期中・学期末および学期終了後）

⑶日本語または教科担当教師の役割は何か。

⑷授業や教材作成、教室活動などで工夫していること・成功したこと。

⑸CLILなどによる教師間協働によって、新たにできるようになったことは何か。

⑹CLILなどによる教師間協働で、負担になっていることは何か。

⑺どのように問題を克服したか。

⑻生徒の学習評価はどのように行っているか。

⑼日本語と教科担当教師が一緒に教えることに対する生徒・親の反応。

⑽バイリンガル教育で教師間協働を行う人に伝えたいこと。

---

4. 分析の結果

　対象校における教師間協働による取り組みは、学習の計画から実施・評価、教材作成や学習者情報の共有、教科と日本語担当教師の相互支援体制に至るまで、さまざまなレベルで行われていた。以下では、一連の教師間協働による取り組みのなかで表れた教科と日本語担当教師の役割意識と、各教師が一連の教育活動の経験をどのように評価しているかに焦点を当てて結果を述べていく。

4.1　学期開始前の準備段階・学期始めの取り組み

　対象校では、学校全体のカリキュラムのもと、日本語を含む各教科担当の教師が、いくつかの科目を英語と日本語で同時に教えるため、両言語の教師が一堂に集まって話し合う「プランニング・デー」を設けており、学期開始前の準備段階で科目間のつながりといずれの言語の使用を促すための綿密な計画を立てていた。表2－2は、とくに生徒への多様なサポート体制について語っている例である。両言語の教師が話し合う過程で、生徒の読み書き能力や認知面についての情報や、両言語による教育上の課題の把握と生徒に関するさまざまなフィードバックが共有され、生徒に合った教授計画を行っている様子がうかがえる。

表2－2　学期開始前における準備段階の取り組みの意義

【日本語担当教師③】たとえば、リテラシーの観点から英語でついていけていないから取り出し授業をしたり、算数の取り出し授業、理科と算数のエクステンションが必要な子たちへのサポート、お友だち関係が難しい子どもたちにその方法を教えるといったサポート、EAL（English as an additional language）のサポートなどをしています。こういうサポートをするなかで、その子に本当に英語が必要なのか、日本

語ではすごくよくできて、日本語のリテラシーはとても高い。でも英語のリテラシーが低いということは、言語の問題ですよね。でも、英語も日本語もリテラシーが低いということは、何か違う問題があるのではないかということを発見しないといけないので、それをお互いに何が問題でそこに至っているのかを話し合う時間をプランニングの時間に取っています。

さらに、学期始めに日本語と教科（英語）の担当教師がティームティーチングで行うCOLC（Creative Our Learning Community）という時間を設けている。この取り組みは、学校全体でバイリンガル教育実践を行うにあたり、両言語でのアクティビティを体験したり、クラスのルールづくりを行ったりするもので、3〜4週間にわたって実施される。ほとんどの教師がその意義について述べていた。表2−3は、英語担当教師と日本語担当教員がティームティーチングによる学習環境づくりの意義について述べている語りの例である。教師が互いの言語使用を自ら実践し、二つの言語で学ぶことについての枠組みを生徒に示すとともに、言語使用についての寛容さを実感させることによって、二言語使用への価値づけを行っている様子がうかがえる。

表2−3　学期始めの学習環境づくりのための取り組みの意義

【教科担当教師①】We have 3 or 4 weeks to set up our routines and expectations with the students, so we talk a lot about how do we work well together, what is the teacher's role, what's the student's role, how do we talk to each other in a supportive way? It gives the student a good example of bilingual learning because I'm not a Nihongo speaker and X sensei is and so the students are in the same category. Some do speak it fluently, and some don't, except for English. And so, they see me trying to speak Nihongo. They see me make mistakes. They see me having a good time. And they realize that it's okay for them to make mistakes too, to have a good time whether it's English or Japanese.

【日本語担当教師②】学期始めの3週間はCOLCタイムという「ティームティーチング」の時間があって、そのときあった一つのアクティビティがすごく好きでした。なんで自分のことが好きなのかを考えるものでしたが、それを英語と日本語でやったのがとても楽しかったです。一緒に、両方の言語がつかえるし、両言語の先生がいるので、子どもたちも、英語の脳も日本語の脳もつかわなければならないというのがあるので、COLCの時間はすごくよかったです。

【教科担当教師③】I think they enjoyed it because the children could, who were stronger in English felt I think I can contribute and the children who maybe are much stronger or maybe only speak Japanese could contribute as well. So, it was less unwanted segregation like the kids could collaborate better as well.

4.2 学期中の教育活動における教師の役割意識

　学期中における教師間協働の取り組みに関しては、「教育の方法」「教材作成」「学習の評価」に関する語りが得られた。ここでは、それらの取り組みにおける「二言語使用と教師の役割意識」という観点から分析結果をまとめる。

　前述したように、対象校では、リーディングとライティングを中心とするバイリテラシーの育成を目指すアプローチとCLILに基づくアプローチを統合的に実施していた。各教師は二言語の使用と二言語による学習の可能性を認めるとともに、それぞれのアプローチにおける教師の役割を強く意識していた。

　まず、教育場面における二言語使用と教師の役割意識についてである。表2－4は、その役割意識の断片を示すものである。教科担当教師①は、

英語のリテラシーと探求の単元（inquiry unit）、算数や社会スキルなどの
教科を日本語担当教師とペアで担当していた。とくに、それまで日本語だ
けで行われていたCLILアプローチに英語担当教員も関わるようになって
いたが、生徒の多様な言語的バックグラウンドを踏まえてその意義を述べ
ている。教科担当教師②も二つの言語による学習が認知的発達を促す可能
性に触れ、生徒の言語使用や学習の進捗に応じて柔軟にそのつながりを持
たせることが重要であると述べている。日本語担当教師③の語りからは、
日本語母語話者教師として学習言語としての日本語使用を意識している様
子がうかがえる。

表2−4　二言語使用の意義と教師の役割意識：教育の方法（1）

【教科担当教師①】I'm also studying CLIL this year so that's Content and Language Integrated Learning and I see a lot of value in that. It's a new area for me but a lot of our Nihongo teachers are training CLIL, and because our school has so many EAL (English as an additional language) and JAL (Japanese as an additional language) students I think that CLIL has a really good potential to address a lot of our language needs.
【教科担当教師②】I think it helps to remember and really use that skill that they have learnt in two different means. There are times when students understand one thing in one language, and then they don't learn it in the language. So like reconfirming that, but also I think just being flexible, so thinking, making a connection.
【日本語担当教師③】日本語の学習の助け、日本語のみで話すということで、子どもたちがフラストレーションになるところもありますが、子どもたちの脳の活性化を助けるためには大きな役割をしていると思います。どうしても日本語の先生も子どもたちとの関係性がうまくつくれないということで大変な面もありますが、そこを英語に変え

> てしまうと、子どもたちはもう英語しか聞かなくて日本語を聞く必要性がなくなってしまうので、そこはしっかりと役割として考えていかないといけないと思っています。

　こうした言語使用においての教師の役割意識は、教科（英語）担当教師の語りにおいて目立って表れていた。表2－5に示した教科担当教師③の語りは、英語担当教師が日本語での学習の意義をいかに生徒に示すかが教師の役割として重要であり、それは単なる言語の問題ではなく、学ぶスキルや言語的な多様性を意識させることにほかならないという見方を示していると考えられる。結果的に、このような英語担当教師が生徒の日本語での学習に興味を示していることは、生徒たちの言語学習に対する意欲の向上にも影響を与えていたようである（日本語担当教師②－1）。さらに、こうした教科（英語）担当教師の意識の変化は、学校全体での組織的な取り組みへの働きかけと深く関わっていることが垣間見えた（日本語担当教師②－2）。

表2－5　二言語使用の意義と教師の役割意識：教育の方法（2）

【教科担当教師③】I think as an English teacher our main thing is to teach reading and writing, and mathematics skills, and to be able to apply that in other areas of the curriculum so that they know that what they learn in English time they can use the skills in Nihongo time as well. So, it's not about the language; it's about the skills, like research skills, they can use that in Nihongo too. I think it's also important for English teachers to appreciate and celebrate diversity and bilingualism because I find that it's easy for students to use English and it's obvious that students sometimes don't enjoy Nihongo, and I think that's a reflection of what English teachers think because some English teacher think, oh its Nihongo time.

【日本語担当教師②－1】CLILに関しては、英語の先生たちにとっては、日本語の先生たちが第二言語を教えるために必要な教授方略だと思っていたのが、実はそうではなく、ほかに英語のクラスにも英語が第二言語の子どももいるので、そういう子どもにもとてもいいということで、ESLだけでなく、JSLの子どもたちにもフォーカスされるようになったというのが新たなものですね。

【日本語担当教師②－2】日本語を重視している学校ではありますが、そういう意識は放っておいて育つものではなくて、私たちが何かプログラムをやっているときに、これに日本語のこれを入れてくださいと自分たちから入れてもらう。（中略）学校全体でもリテラシーのプログラムやいろいろなものを日本語も一緒にということでだいぶ変わりました。

4.3 教師間協働における課題

教師間協働における課題については、「教育内容の関連づけ」「時間割の問題」「教育の文化差」「学期末の学習成果の共有」「教師研修（Professional Development）」が挙げられる。とくに「教育内容の関連づけ」について、日英で行うリテラシー教育においては、教育内容の関連づけを最も重要な要素として捉えられていた。たとえば、表2－6に挙げた語りの例から、両言語での教科において共通の学習ストラテジーや授業の進め方を共有しつつも、カリキュラム上の科目間の関連づけや生徒の言語レベルとの関係についてはさらなる検討が必要という見方が読み取れる。

表2－6　教育内容の関連づけ

【教科担当教師①】Sometimes the content of what we teach is very different. Y sensei is doing a science unit and I'm doing a fairy tales unit it's very hard to make a connection. But the curriculum overview that we're making is trying to develop more mix between the two languages.

【教科担当教師②】We focus on the language when they learn that an inquiry. But sometimes it doesn't match like next term Nihongo is doing chemistry and English is doing Australian History. So, we use the same approach, but I think It will be hard for them to find the connection, but we use a CLIL approach.

【日本語担当教師②】ライティングを教えるとき、共通のストラテジーを教えましょうというリストがありますが、日本語ではとてもそこまでできないこともたくさんあります。テキストタイプによって、たとえば物語では段落や表現、始まりと終わりなどいろいろ教えられますが、レポートのようなものになるとそこまでできないこともあります。子どもたちもプレッシャーを感じたりして、語学レベルが合わない場合はうまくいかないですね。

【日本語担当教師③】リテラシーは英語でも日本語でも勉強できるし、理科も内容は同じにならないようにしています。違う内容だけれども英語と日本語で教えるバランスをうまく考えていくことが重要。今考えているのは、科目で分けるのではなく、大きな探求の単元（inquiry unit）を考えて、そのなかで必要な部分をそれぞれの言語で教えるといったかたちでコラボレーションができるようにすることです。

　最後に、これらの課題を乗り越えるために「オープンネス（openness）」と「柔軟性（flexibility）」のある取り組みが求められる。前者は、教育観や業務の進め方などが異なる教師がともに教育活動をしていくなかで最も重要なのは、学校全体としてバイリンガル教育の教育理念や方法の共有を図ることはもちろんのこと、互いの言語での教育方法や学習内容を尊重する態度が重要であるという見方である。表2－7の日本語担当教師②の語りは、こうした教師間での相互承認は最終的に生徒の学習に大きく影響を与えるとの見方を示している。

また、ティームティーチングによる活動など、教師がお互いの教室を開放することへのリスクをどう捉えるかという視点も重要である。表2－7の教科担当教師②は、そのことについて、教室を教師自身の空間ではなく、生徒の空間という視点から捉えることで教育の目標や価値を共有することの重要性を語っている。後者は、学期中に行う教師間の柔軟な対話の必要性を意味する。教科担当教師③は、教師が一緒に授業実践について考えることについて、難しさよりは可能性について高く評価しており、当初の計画が授業中にうまくいかない場合は、教師間で柔軟に対話することによって問題が解決できる点を挙げている。このことは、教科担当教師③が示した、教科担当教員と相互支援体制への認識と強く結びついていると考えられる。

　以上、6名の教師の語りから教師間協働による取り組みの実態を示した。日本語と教科（英語や他の教科）担当教師は、学期開始前および学期中において「学習環境づくり」「二言語使用への意識づけ」「教育の内容や教授方法の共有」を行うとともに、日本語と教科（英語や他の教科）担当教師がともに、CLILを含むバイリンガル教育アプローチを理解し、全学期を通して綿密な協働を行っている様子がうかがえた。

表2－7　教師間協働における課題：教師の関わり方

【日本語担当教師②】背景の異なる教師がお互いの学習、つまり英語の先生は日本語の学習にリスペクトを持っていけるように、また反対も同じようにできるようにやっていくことが最終的には子どもたちの学習にいい影響を与えるかなと思います。

【教科担当教師②】ティームティーチングで教室をオープンにするというのは、リスクを伴うものだと思います。だから、自分のクラス、自分の生徒、自分のスペースというよりも、生徒たちのスペース、生徒たちの教室ということになると、先生にとってベストではなく、生徒にとってベストだと思う。他のいろんな子たちと学ぶのがベスト

だったら、それをやってみるのは絶対価値があるのですから。

【教科担当教師③】I think it's certainly a good thing. I think it will be good if we could do it more. But it was timetable（unclear）in the classroom together more because everyone is pretty flexible like Z sensei and I just bounce ideas off each other and if during a lesson if plan's not working, so we're adaptable. We didn't just stick to it because it was written down. So, it takes a lot of flexibility.

【日本語担当教師③】今までこの学校は日本語の先生がたくさんいたので、日本語チームという感じでは協働はあったのですが、今は、その先生たちがそれぞれの学年の先生とのチームもあるので、お互いサポートし合えるという人たちのチームがあるというのは大きいと思います。お互いに助け合う必要性があるのでそこからスタートして、ワーキングスペースを共有するというところに至っています。

5.　考察：教師間協働のプロセス

　最後に、前述の池田（2015）の協働の概念に照らし、対象校における教師間協働のプロセスを考察してみたい。まず、協働の前提としての「対等」について、対象校では、教育理念と方法の共有を基盤に、さまざまなレベルの教育上の課題を解決するために、日本語と教科担当教師の持つ専門の知識や情報が尊重されている。両言語による共通の学習ストラテジーや授業の進め方を共有しつつ、互いの言語による具体の学習内容や方法が用いられている。両言語による教授計画の段階では、生徒の認知面や言語発達面の様子など、それぞれの言語に強い教師だからこそ得られる情報が共有されていた。学習環境づくりのためのCOLCでのティームティーチングの実践は、生徒に対する二言語使用と二言語での学習の価値づけにとどまらず、教師の互いの言語の使用が価値づけられる仕組みとなっていた。実際に、英語担当教師の日本語使用のノンネイティブ性は、さまざまな言

語的バックグラウンドを持つ生徒の二言語使用と学習を促すリソースとなり、英語担当教師の役割意識の変化をもたらしている。

　次に、協働の手段としての「対話」と「プロセス」については、対象校では上記のような対等な関係性を前提に、全学期を通して対話の機会を持ち、教育活動における協働的な取り組みを進めていた。それは単なる情報の等価交換や足し算ではなく、カリキュラム上の課題の発見とその解決に向けた観点を共有するという点で共有の「創造」を生み出しているといえる。さらに、対話によって一人ひとりの教師がバイリンガル教育における言語使用の意味を発見し、教師の役割意識が変化したということも、対話のプロセスに見られた成果である。「互恵性」という点からいえば、そういった対話のプロセスでの成果は、個々の教師のみならず、対象校全体においての成長をもたらすものとして捉えることができる。

　海外の日本語教育機関では、当該国・地域の教育政策のもとで、さまざまなかたちで日本語教育が行われ、国・地域によって日本語教育の位置づけも一様ではない。教師間協働を考える際には、日本語の教師が母語話者か非母語話者かという点のみに着目して教育の内容や方法を議論するのではなく、両者が身を置いている文脈において教育上の課題を解決するために、異なる背景——たとえば、母語以外の言語能力、教育経験、言語教授観、言語学習観など——を活かせるような仕組みづくりをいかに行うかという観点から議論する必要がある。本稿で取り上げたバイリンガル教育現場での教師間協働の事例は、そういった仕組みづくりのプロセスを示してくれるものでもあろう。また、バイリンガル教育プログラム以外の外国語教科として日本語を教える複数の教師がいる学校においても、本研究の成果は応用できるであろう。今後、本稿で考察した観点を手がかりに、他の地域における教師間協働のプロセスについてさらに検討していきたい。

■付記
本研究は、平成27-30年度科学研究費補助金 基盤研究C（研究代表者：門脇薫、課題番

号：15K02669）の研究成果の一部である。調査にご協力いただいた方々に心より御礼申し上げる。

■注記

(1) 国際交流基金（2017）によると、2017年10月の時点でオーストラリアの5校の小学校で実施されていると確認されている。

(2) 日英バイリンガル教育プログラムを実施している学校数が限られているので、学校や教師が特定化されるのを避けるために州名等、詳細については伏せてある。

■引用・参考文献

池田玲子（2015）.「協働実践研究のための海外のプラットホーム構築：アジアでの活動に向けて」『言語文化と日本語教育』（お茶の水女子大学言語文化学研究会）50, 38-50.

池田玲子・舘岡洋子（2007）.『ピアラーニング入門：創造的な学びのデザインのために』ひつじ書房.

門脇薫（2015）.「韓国の高校における教師間協働の実態と課題：母語話者教師対象の調査より」『海外における日本語非母語話者教師と母語話者教師の協働に関する基礎的研究』平成24年度〜平成26年度科学研究費補助金, 基盤研究（C）研究成果報告書（課題番号：24520593）, pp. 15-33. https://researchmap.jp/kadowaki-kaoru/misc/27847262（2020年6月18日閲覧）

国際交流基金（2017）.「日本語教育　国・地域別情報　オーストラリア」. https://www.jpf.go.jp/j/project/japanese/survey/area/country/2017/australia.html（2019年12月25日閲覧）

国際交流基金（2019）.「2018年度海外日本語教育機関調査（速報値）」. https://www.jpf.go.jp/j/about/press/2019/dl/2019-029-02.pdf（2019年12月25日閲覧）

中山英治・門脇薫・高橋雅子（2015）.「日本語非母語話者教師と母語話者教師による教師間協働の実態調査報告：タイの高校における協働環境と協働内容」『いわき明星大学人文学部研究紀要』28, 19-34.

Bailey, K. M., Dale, T. & Squire, B. (1992). Some reflections on collaborative language teaching. In D. Nunan (Ed.) *Collaborative language learning and teaching* (pp.162-178). Cambridge: Cambridge Language Teaching Library.

Brown, R. S. (2005). The benefits of (Japanese-English) bilingualism and biliteracy. Memories of Osaka Kyoiku University. Ser. IV, 53(2), 127-134.

Coyle, D., Hood, P. & Marsh, D. (2010). *CLIL content and language integrated learning*. Cambridge: Cambridge University Press.

Dale, L. & Tanner, R. (2012). *CLIL activities with CD-ROM: A resource for subject and language teachers*. Cambridge: Cambridge University Press.

Fielding, R. & Harbon, L. (2014). Implementing a content and language integrated learning program in New South Wales primary schools: Teachers' perceptions of the challenges and opportunities. *Babel*, 49(2), 17-27.

Kadowaki, K. (2018a). Japanese native speaker teacher at high schools in South Korea and Thailand. In S. A. Houghton & K. Hashimoto (Eds.) *Towards post-native-speakerism: Dynamics and shifts* (pp.97-112). Singapore: Springer.

Kadowaki K. (2018b). The roles of native Japanese speaker teachers in Japanese language programmes at high schools in South Korea, Indonesia, and Thailand. In K. Hashimoto (Ed.) *Japanese language and soft power in Asia* (pp. 123-139). Singapore: Palgrave Macmillan.

Turner, M. (2013). Content-based Japanese language teaching in Australian schools: Is CLIL a good fit? *Japanese Studies*, 33(3), 315-330.

第3章

ジャンルアプローチを活かした継承日本語教育の試み

香港日本人補習授業校での授業実践

明石智子

1. 継承語としての日本語教育

　近年の国際化のなかで多くの人々が国境の垣根を越え、世界各地に移動し、活躍の場を見出している。海外在留邦人数調査統計（外務省 2018）でも、日本国外に在留する日本人は過去最多となっており、日本人についても同様の傾向であるといえる。このような日本人の国外への移動に伴い、日本国外で幼少期を過ごす学齢期の子どもたちも増加傾向にあると考えられる。また、国外へ移動した日本人の国際結婚などにより、日本を含む複数の国をバックグラウンドに持つ子どもたちも増加傾向にある。このように海外で暮らしている日本にルーツを持つ子どもたちにとって、日本語は親から引きついだ継承語（中島 2003）であることが多い。「継承語」また「継承語学習者」の定義についてはさまざまなものがあるが、本章ではValdés（2000）に倣い、継承語学習者は「現地語以外の言語が使用されている家庭で育ち、その言語（継承語）が話せる、あるいは聞いて理解だけできる、読み書きまでできるなど、言語力の程度の差はあれ、現地語と継承語のバイリンガル」とする。

　国境を越えた人々の移動を背景に、継承語学習者として日本語を学びたいという子どもや、自分の子どもに継承語として日本語を学ばせたいと願う保護者のニーズは高いが、教材や教育機関の選択肢は少ないのが現状である（Oguro et al. 2012）。Douglas（2005）や倉田（2012）、奥村（2010）など、北米やヨーロッパ、オセアニアを中心に継承日本語としての教育実践報告もされつつあるが、外国語としての日本語教育に比べると数は少ない。また、前述の継承語学習者の定義でも述べたように、「継承語学習者」と一言にいっても、家庭での言語環境やそれまでの学習歴などにより、言語力や得意・不得意とする言語分野に大きな差があることがあり、現場の継承日本語指導者は試行錯誤を重ねている。

　本章では、多言語世界のなかで変わり続ける日本語教育のかたちの一

つとして、「第二言語としての日本語教育（Japanese as a Second Language: JSL）」や「外国語としての日本語教育（Japanese as a Foreign language: JFL）」とは異なる「継承語としての日本語教育（Japanese as a Heritage Language）」の学習者像や学習ニーズを香港日本人補習授業校の例から考察し、そこでの授業実践を紹介する。

2．香港内の日本にルーツを持つ子どもたちと継承日本語教育

　本章は、中華人民共和国香港特別行政区（以下、香港）における継承語日本語教育のニーズと教育実践報告である。

　香港は中華人民共和国の南部に位置している。経済形態は規制が少なく、低税率な自由経済を特徴とし、世界屈指のビジネス拠点として、さまざまな国籍の人々が行き交う街である。国際都市香港では多種多様な言語が使用されている。たとえば、現地語であり公用語である広東語や、広東語と並ぶもう一つの公用語である英語、また1997年に香港がイギリスから中国へと返還されて以降、使用場面が急速に増えてきた標準中国語（普通語）などである。このような多言語社会のなかで、コミュニケーションの場面や相手によって複数の言語をつかい分ける人も珍しくない。

　香港に暮らす在留日本人は増加の傾向にあり（在香港日本国総領事館2017）、日本にルーツを持ちながら香港で暮らす子どもたちのために2011年に設立されたのが、香港日本人補習授業校である。本章では香港日本人補習授業校の概観と、そこに通う子どもの保護者を対象に行ったアンケートから、多言語社会香港に暮らす子どもたちの言語環境や学習ニーズについて紹介する。

2.1　香港日本人補習授業校とは

　補習授業校とは、日本人学校などと並び、海外に在留する日本人の子どものために、学校教育法に規定する学校における教育に準じた教育を実施

することを主たる目的として海外に設置された在外教育施設の一つである。文部科学省によると補習授業校は、「現地の学校や国際学校（インターナショナルスクール）等に通学している日本人の子どもに対し、土曜日や放課後などを利用して国内の小学校又は中学校の一部の教科について日本語で授業を行う教育施設」であると定義されており、2015年（4月）時点で世界52か国・1地域に設置された205校の補習授業校で、約2万人が学んでいる（文部科学省 2019）。

　香港日本人補習授業校は、香港で日本にルーツを持つ子どもたちを育てる保護者によって、在籍児童数88人（小学部のみの6学級）で2011年4月に開校した。2013年4月には日本政府（外務省・文部科学省）援助校として認定され在外教育施設となり、2019年現在はおよそ180人（幼稚園年中から中学1年まで合わせて13学級）の児童生徒が在籍している。授業は毎週土曜日の午前3時間、年間36回実施している（カリキュラムについては2.5項参照）。「日本国籍を有すること」また「日本語での授業についていける最低限の日本語力を有すること」が入学の条件となっており、「外国語としての日本語」を教えるのではなく「継承語としての日本語」を教える教育機関という位置づけである。

2.2　アンケート調査について

　本稿で考察するアンケートは、筆者が勤務する香港日本人補習授業校で、子どもたちの学習ニーズや学習歴を把握し授業計画や授業改善に活かす目的で、2016年より子どもを通わせている保護者を対象に毎年実施しているアンケートの2018年度版である[1]。当該アンケートは、2018年9月に実施した。小学1年生（33名）、同2年生（30名）、同3年生（29名）、同4年生（28名）、同5年生（17名）、同6年生（10名）、中学1年生（8名）の7学年計155名の保護者から得たアンケートの結果を踏まえ、香港日本人補習授業校で継承語として日本語を学ぶ子どもたちの言語環境、学習ニーズの観点から順に考察していく。

2.3　香港日本人補習授業校で学ぶ年少者を取り巻く言語環境

　アンケートでは、香港日本人補習授業校で学ぶ児童生徒（アンケート対象は中学1年生も含むが、以下では「児童」と一括表記する）がどのような言語環境で暮らしているのか「学習言語」と「家庭言語」について調査した。

学習言語

　香港では教育機関の選択肢が非常に多い。小学校の選択肢としてはインターナショナルスクール、現地校また日本人学校などがある。香港のインターナショナルスクールは私立校とESF（English Schools Foundation）に大別される。ESFは香港で20校ほどのインターナショナルスクールを運営する財団で、大半は香港政府から資金援助を受ける公立校で、カリキュラムはイギリス式で学習言語は主に英語である。また私立では、アメリカ、カナダ、ドイツ、フランス、シンガポールなどさまざまなインターナショナルスクールがあり、英語やその他の言語で授業が行われている。香港の現地校は設立母体や援助金の割合などにより官立（公立）、津貼や直資（政府援助のある半私立）、私立に分類される。さらに、香港の言語政策を反映して英語を重視し、中国語と中国史以外の教科を英語で行う学校（English-medium instruction school: EMI）と、中国語を重視して英語以外の教科を中国語で行う学校（Chinese-medium instruction school: CMI）に分かれている。また日本の教育指導要領をもとに日本語で授業を行う日本人学校もある。このように多様な学校教育の選択肢があるので、香港日本人補習授業校に通う子どもたちが在籍する学校の種類や、そこで使用される学習言語も多様である。

　アンケートで、「主にどの言語で学校生活を送っていますか」と尋ねたところ、主に英語と広東語の二言語であった（図3 - 1）。

　内訳では、英語が76.8％と過半数を占め、続いて広東語18.7％、普通語（中国標準語、北京語）、フランス語やフィンランド語などを含むその他の言

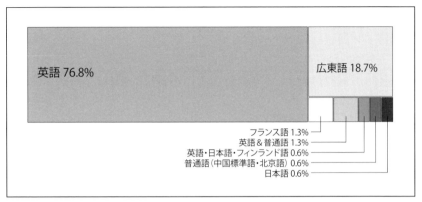

英語 76.8%

広東語 18.7%

フランス語 1.3%
英語＆普通語 1.3%
英語・日本語・フィンランド語 0.6%
普通語（中国標準語・北京語）0.6%
日本語 0.6%

図3－1　香港日本人補習授業校の児童が平日に通う学校で主につかっている言語
（Medium of Instruction）

語が4.5％となっている。

　日本語をつかって算数（数学）や理科などの教科学習を行っている児童は全体の1.2％しかおらず、香港日本人補習授業校に通う児童にとって日本語は主な学習言語ではないということがいえる。

家庭言語

　次にアンケートでは、家庭での言語使用状況を調査した。具体的には「母親」「父親」「（いる場合には）兄弟姉妹」とどんな言語を用いてコミュニケーションをとるのか尋ねた。

　まずは母親と話す言語で圧倒的に多いのは日本語で85.7％、次に広東語6％、英語4.8％となっている。次に父親と話す際につかう言語だが、英語（33.3％）、日本語（31％）、広東語（29.8％）と3つの言語がほぼ同じ割合であった。兄弟姉妹がいるとした58％の回答のうち、兄弟姉妹と話す言語は英語（23.8％）、日本語（19％）、広東語（15.5％）であった。

　上記の言語使用状況に関する回答から、香港日本人補習授業校に通う子どもたちにとって、「日本語」を教科学習につかう機会はほとんどなく、「日本語」は家族、とくに母親とのコミュニケーションツールという場合

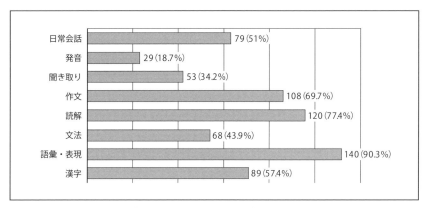

図3-2　香港日本人補習授業校で身につけさせたい力

　が多いといえる。このように、家庭使用をベースとした継承語は一般的に
聞く力が最も発達する反面、話す力、さらに読み書きが極度に弱いなど、
「聞く・話す・書く・読む」の4技能がアンバランスになる傾向がある（中
島 2003; Campbell et al. 2003）。

　この傾向は香港日本人補習授業校に通う子どもたちにも見られるよう
で、アンケートでもこの一般的に弱いとされる「読み書き」を補習校での
学習で補いたいという保護者の学習ニーズが見られた。

2.4　香港日本人補習授業校における学習ニーズ

　アンケートで、香港日本人補習授業校での国語学習を通して身につけ
させたい力を質問したところ、語彙・表現（90.3%）、読解（77.4%）、作文
（69.7%）、漢字（57.4%）という回答が得られた（図3-2）。

2.5　継承日本語のコースとカリキュラム開発

　読解や作文など「読み書き」を強化したいと考えている保護者の学習
ニーズに応えるために、香港日本人補習授業校では「レベルコース」と
「継承日本語コース」という二つのコースを開設し、約180名の児童生徒

を指導している。児童生徒は、自分の学習スタイルに合ったコースを選択し、学齢別のクラスで学んでいる。レベルコースは「日本の小学校の教科書等を使用し、国語と総合の授業で扱われる他教科の指導を通して、日本語による知識や概念を習得するクラス。日本語で考え、表現する力を高める日本式授業スタイルのコース」である。継承日本語コースは、小学1～3年生では「子どもの知的好奇心に合わせたトピックを取り上げ、主体的な活動を通して、さまざまな角度から日本語習得の基礎となる日本語学習へのモチベーションを高めるクラス。カリキュラムに縛られない、参加型授業スタイルのコース」であり、小学4年生～中学1年生では「日本の小学校の教科書等を使用し、国語と総合の授業で扱われる他教科の指導を通して、日本語による知識や概念を習得するクラス。日本語で考え、表現する力を高める日本式授業スタイルのコース」である（図3-3）。

　継承日本語コースの設立は、入学時の児童の日本語レディネスのばらつきがあること、また児童の好む学習スタイルが多様であるといった児童の実態に対応したものである。香港日本人補習授業校に通う児童の3分の2は平日インターナショナルスクール、3分の1は現地校に通っている。授業に積極的に参加し、インタラクティブなインターナショナルスクールの学習スタイルに慣れ親しんだ児童のなかには、教師が教室の前に立ち知識教授型で行われる日本式の学習スタイルに馴染めない者も散見される。子どもたちの十人十色の個性を尊重しながら彼らの日本語力を育むために、従来の日本式学習スタイルとは異なったアプローチのクラスが必要だという認識のもと、インタラクティブで児童の日本語をつかった活動を重視する日本語イマージョン教育のコースを開設した。当初は小学1・2・3年生を対象に始めたが、このコースで学習する児童が中・高学年に進級するにつれ、これらの児童のためのコースカリキュラム作成が急務となった。そこで2014年に継承日本語カリキュラム作成委員会を立ち上げ、継承日本語科中・高学年（小学4～6年生と中学1年生）のオリジナルのカリキュラムの作成を開始した。

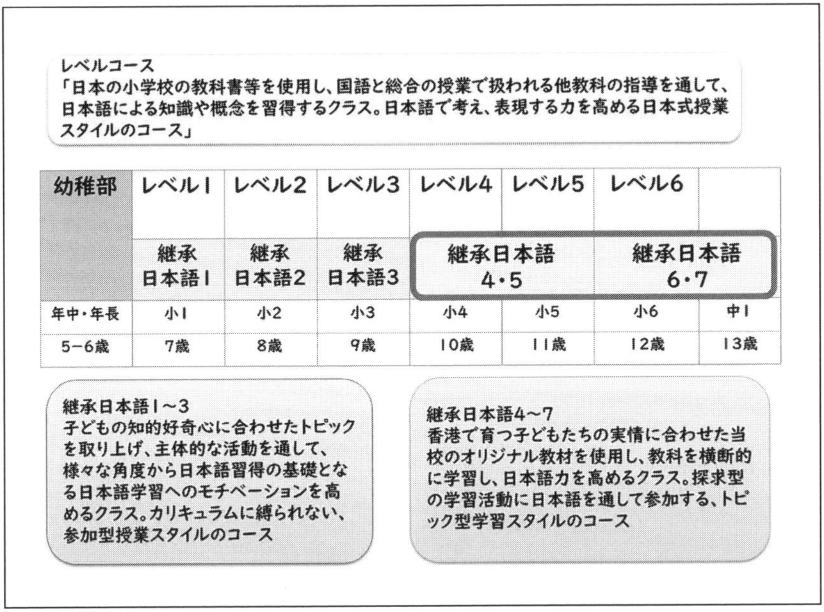

レベルコース
「日本の小学校の教科書等を使用し、国語と総合の授業で扱われる他教科の指導を通して、日本語による知識や概念を習得するクラス。日本語で考え、表現する力を高める日本式授業スタイルのコース」

幼稚部	レベル1	レベル2	レベル3	レベル4	レベル5	レベル6	
	継承日本語1	継承日本語2	継承日本語3	継承日本語 4・5		継承日本語 6・7	
年中・年長	小1	小2	小3	小4	小5	小6	中1
5〜6歳	7歳	8歳	9歳	10歳	11歳	12歳	13歳

継承日本語1〜3
子どもの知的好奇心に合わせたトピックを取り上げ、主体的な活動を通して、様々な角度から日本語習得の基礎となる日本語学習へのモチベーションを高めるクラス。カリキュラムに縛られない、参加型授業スタイルのコース

継承日本語4〜7
香港で育つ子どもたちの実情に合わせた当校のオリジナル教材を使用し、教科を横断的に学習し、日本語力を高めるクラス。探求型の学習活動に日本語を通して参加する、トピック型学習スタイルのコース

図3－3　香港日本人補習授業校のコースとその説明

　継承日本語科の小学4年生から中学校1年生までのクラスでは複式クラスを採用しており、カリキュラムは2年で一巡する。自己理解や環境問題など11個のテーマについて学習する。2015年2月に大枠が完成し、同4月から試行に入った。筆者は、2014年はカリキュラム作成委員の一員としてカリキュラム作成に携わり、また2015年、2016年と2年にわたり、継承4・5クラス（小学4年生と5年生の複式クラス）の授業を担当しながら、カリキュラムの試行、教材の開発に携わった。

　筆者が担当した2015年、2016年の教育実践の一部を第4節で紹介するが、その実践の指針となったのが選択体系機能言語学（Halliday et al. 2014）であり、その言語観を反映したジャンル（後述）に基づいた言語教授法（Genre-based pedagogy）である。

　選択体系機能言語学では、言語は「規範的文法の束」ではなく「意味構

築（meaning-making）のための資源」という位置づけであり、談話が扱う内容（フィールド）、談話者の関係性（テナー）、伝達方法（モード）の相互作用により使用言語が影響を受けるとする（Halliday et al. 2014）。言語使用者は、同じ言語でも話すときと書くときでは、つまりモードが違えば、語彙や文章構成などさまざまな側面で異なる選択を繰り返しながら意味構築を行っている（Halliday 1994）。

　移民の子どもたちのバイリンガリズムの研究者であるCummins（2001）は、生活に必要な言語能力（BICS：基礎的対人コミュニケーション能力）は比較的短期間で身につくが、教科学習のための言語能力（CALP：認知学習言語能力）の習得には5年以上の訓練が必要であると主張した。つまり、生活言語を習得し、発音も改善され、文字・語彙を覚え、それらをほぼ正しくつかえるようになるなど、目標言語を用いて流暢にコミュニケーションをとることができ、表面上は言語的な問題はないように見えても、それだけで目標言語で学習活動が行えると判断するのは早計であり、学習言語習得には壁がある。BICSを習得する段階にいる子どもの言語能力は、文章の論理的構造を理解したり、多様な文章構造を用いて複雑な事柄を表現できる段階には到達していない。同様のことが香港日本人補習校に通う子どもたちの課題として挙げられる。前述したアンケート結果の考察から明らかになったように、香港日本人補習授業校で学ぶ子どもたちは日本語を家庭での話し言葉として使用しており（2.3項参照）、多くの保護者が日本語による「読み書き」を学ばせたいと考えている（2.4項参照）。

　このことから、子どもたちは家庭で生活に必要な話し言葉としての日本語については言語資源・スキルをある程度獲得しており、生活言語から学習言語へのスムーズな移行、つまり日本語で客観的・論理的な文章を書けるように導くことが香港日本人補習授業校で求められているといえる。その学習ニーズを満たすには、子どもたちがすでに獲得している生活言語としての話し言葉の知識を、教室のなかでの書く活動において、文章の「段階」と「目的」つまりジャンルを意識させながら再構築していくことが必

要であり、それに必要な学習教材の作成や選択にはジャンルに基づいた言語教授法（Genre-based pedagogy）が、またクラス内での指導として具体化するにはTeaching Learning Cycle（TLC）の活用が効果的であると考えた。

3.　ジャンルアプローチ（Genre-based pedagogy）

　選択体系機能言語学では、ジャンルは「段階的で（staged）、しっかりした目的があり（goal-oriented）、話し手／書き手がその言語をつかう集団の一員として関わる社会的言語活動」（Martin 1999）と位置づけられている。ジャンルに基づいた言語教授法（Genre-based pedagogy：以下、ジャンルアプローチ）は、もともとオーストラリアを中心に、英語を母語としない学習者が英語による学校教育に適応できるようサポートするために考案された教授法である。ジャンルアプローチとは、言葉をつかって表現する（make meaning）際、社会的コンテクストに応じた構成（generic structure）やそれを具体化させる語彙などの選択に対する認識を高めながら、書いたり話したりする能力を養うことを目的とする教授法である（Hyland 2003）。

　ジャンルアプローチで重視されるのが、文節や文のレベルを超えて、テキストを作る力を育てることである。ここでいうテキスト（text）とは、機能と目的を持った、統一的全体（unified whole）としての言語である（Halliday et al. 1976: 1-2）。具体例としては、学校で書かれる小論文や商品を売るための広告文などがある。ジャンルアプローチではテキストは、機能や目的の観点からいくつかのジャンルに分類される。たとえば、情報を整理して伝達するreportや、意見を表明するexpositionなどがある。ジャンルに関する意識を高め、そのジャンルのテキスト生成に必要な言語知識を明示的に教え、そのジャンルの目的にかなったテキストを生成することができるように、「段階」を追って「導く」教授法である。

3.1 「導く」(Scaffolding)

　ジャンルアプローチで重要な概念の一つがスキャフォールディングである。スキャフォールディングとは、日本語に直訳すると「(建築用) 足場」であり、比喩的に用いられている。建築用足場 (教師によるスキャフォールディング) は、建設中の建物 (児童の知識や能力) が安定するまでその構造を支え、建物が自立するようになると取り外される。Hammond et al. (2005: 9) は、「学習者が将来的に同様のタスクを自力で完成させることができるようになるために、学習者がタスクを完成させたり新しい知識を身につけられるよう教師が与える一時的な手助け」と定義している。言語少数派の子どもたちへのスキャフォールディングを提唱したハモンド (2009) によれば、スキャフォールディングはマクロレベルとマイクロレベルの両方が不可欠で、前者はカリキュラムの目標設定や学習活動の配列など教師によって意図的に計画されたものであり、後者は授業の展開に応じ、教師と児童生徒、また児童生徒同士のダイナミックなやりとりを通して起こる偶発的また相互作用的なものである。

　香港日本人補習授業校でのカリキュラム開発においては、マクロ・スキャフォールディングを意識してテーマや書く課題の選定を行い (4.2項参照)、実際の授業のなかで、Teaching Learning Cycle (3.2項参照) の概念をもとにマイクロ・スキャフォールディングを行った (4.3項参照)。

3.2 「段階」を追う (Teaching Learning Cycle)

　ジャンルアプローチにおいてもう一つ重要な概念が「段階を追う」ことである。これはTeaching Learning Cycle として概念化されている。

第一段階　Deconstruction (分解・分析)

　この段階では、まずテキストの内容の文脈化が図られる。教師は、児童にその程度テーマに関する知識があるか、すでにその程度の語彙を習得し

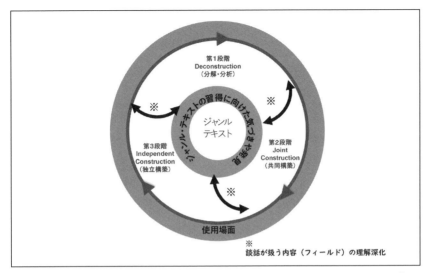

図3－4　Teaching Learning Cycle（Adapted from Martin et al., 2005: 252）

ているかなどを把握する。児童と教師が対話をしながらテキストの構造分析を行い、どのような言語構造（語彙や文法）が鍵となるか、どのような順序で構成されるのかなどについて共通認識を持つことがこの段階の目的である。

第二段階　Joint Construction（共同構築）

この段階では、教師主導でコラボレイティブライティングが行われる。教師と児童は第一段階で得た共通理解をもとに協議しながらテキスト作成をしていく。

第三段階　Independent Construction（独立構築）

この段階では、児童は第一・第二段階で学んだことを活かしながら個別に書く活動を進めていく。

4. ジャンルアプローチを活かした「読む」「書く」活動の実践報告

　香港日本人補習授業校で学ぶ児童にとって学習ニーズの高い「読む」「書く」という活動（2.2項参照）を有機的に組み合わせていくために、読解教材と作文教材をジャンルアプローチの理念を用いて作成し、授業で実践した。

4.1　学習者のプロファイル

　この授業実践は、2016年6月に小学4年生と5年生の複式学級である継承4・5のクラス17名を対象に行われたものである。子どもたちのほとんどは週日インターナショナルスクールに通っており、英語を一番得意な言語としていた。家庭で日本語以外の言語（主に英語）を家族内のコミュニケーションに用いている子どもも多く、家庭での日本語使用の機会も少なめで、日本語学習とくに書く活動に苦手意識を持つ者も多いクラスであった。

4.2　カリキュラムの概要と実践授業の位置づけ：
　　　マクロ・スキャフォールディング

　カリキュラム作成委員会で新たな継承日本語カリキュラムを作成するにあたり（2.5項参照）、継承日本語学習者として目指すもの、つまり目指す児童像を以下のように定めた。

・【アイデンティティ】日本人であることに、誇りと自信が持てる
・【文化・マナー】家族との日本語によるコミュニケーションを通して、日本特有の文化マナーを身につけることができる。日本語による豊かな教育経験を通して、家族のルーツ・伝統について深く考えることができる
・【言語的側面】日本語の生活言語を確立し、さらにすでに身につけ

ている知識・概念を表現できる学習言語を習得できる
・【言語的側面】積極的に日本語を学ぼうとする態度を養い、生涯を通して日本語を学ぼうとする意欲を高める
・【国際的視野】日本を客観的に捉えると同時に、香港や中国など、他国の多様な文化や考え方を尊重することができる

また、継承日本語カリキュラムのねらいとして以下を定めた。

＜言語面＞
・ゲームやスピーチ、ディスカッションなどの言語活動を通し、話すこと・聞くことの能力を育てる
・児童の興味や成長段階に応じた内容の読み物を活用し、日本語で文章を読むことに慣れ親しませる
・日本や香港での生活のなかであふれている「漢字」を意識し、漢字学習の楽しさを味わえるようにする
・友人や教師とのコミュニケーションを通して、生活言語の語彙を増やすと同時に、学習するうえで必要な語彙をさまざまな実践を通して身につけさせる

＜文化面＞
・新聞やニュースなどの社会問題に関心を持ち、日本人として将来何ができるか考えようとする意欲を高める
・日本の伝統文化や、親しみやすい大衆文化（アニメ、まんが、お笑い、など）に興味を持ち、日本文化を前向きに知ろうとする主体性を育てる
・歴史学習を通して、昔と現在の日本を比較し、現代に伝わる習慣や考え方にどう影響しているかに気づかせる
・日本のこと、日本文化のよさを、積極的に世界へ発信しようとする意欲を育てる
・これまでに身につけてきた知識や、言語・文化的資源を学習に最大

限に活かせるようにする

・香港や中国など、他国の多様な文化や考え方を学ばせる

　上記のねらいを達成させるために、テーマ学習というスタイルを採用した。テーマ学習とは各教科の知識を横断的・総合的に活用し、「児童・生徒の興味関心に基づく課題」「アイデンティティ・地域の特色に応じた課題」を解決することである。テーマ学習で扱う大テーマを11個設定し、それぞれに小テーマが設定された（表3−1）。

　これらのテーマのなかから1年で4〜5個ずつ取り扱うが、テーマを配列するにあたり、マクロ・スキャフォールディングの考え方を取り入れ、具体的で学習者の身近なテーマ（動く人々＝動く人々として日本以外に住む自分や家族の歴史や思いについて学ぶ、日本を旅しよう＝日本に一時帰国した際の経験をもとに日本の地理や公共交通機関などについて学ぶ）をはじめに配置し、次第により抽象的なテーマ（地球温暖化やユニセフ）に移行するよう配列に留意した。

　本章で報告する教育実践は、大テーマ「日本の地理」のなかの「日本を

表3−1　継承カリキュラムテーマ学習テーマ一覧

大テーマ	小テーマ
日本の食文化	発酵文化
農業	米作り
日本語	助詞、ことわざ、落語
香港に住む私たち（自己理解・異文化理解）	行事・習慣、動く人々、他国の補習校
日本の歴史	日中の歴史、日本のしきたり、日本の服装の歴史
キャリア教育	はたらく人々
環境	地球温暖化、ごみ問題
日本の学校生活	給食
日本の地理	日本を旅しよう、山、オリンピック親善大使
福祉	被災地、ユニセフ
情報教育	メディアとの付き合い方

旅しよう」における書く活動についてである。

4.3　「日本を旅しよう−バスの乗り方」　procedural report：
マイクロ・スキャフォールディング

　実践授業のテーマである「日本を旅しよう」の書く課題はprocedural reportというジャンルである。このジャンルについての認識を深め、書けるようにサポートすることをねらいに授業を計画した。

　第一段階のDeconstructionでは、教員主導、クラス全体という形態で、話し合いや教材読解を通して語彙や言語構造への意識を高め、第二段階のJoint Constructionでは、ペアや小グループという形態で、教員やリーダー主導という形態で活動し、最後の第三段階、Independent Constructionでは、個人（学習者の日本語能力によってはペア）という形態で、書く活動に取り組んだ（図3−5）。

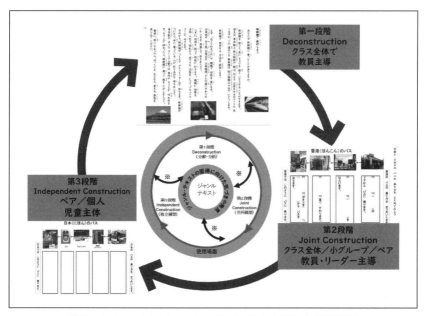

図3−5　Teaching Learning Cycle をもとにした授業設計

第一段階　Deconstruction

　まずは、読解教材の内容理解、および音読を行った。この読解教材を作成にするにあたり、これが一連の学習の最後に児童が作成するテキストのモデルとなるように、ジャンル（procedural report）とそのジャンル構成の鍵となる言語資料（順序を表す語）が含まれるよう考慮した。

新幹線で　旅行しよう

　あなたは　新幹線に　乗ったことがありますか。新幹線を　使うと、長い　きょりを　速く　いどうする　ことができます。　例えば、東京駅と　新大阪駅の　間は、およそ　五百五十キロメートルありますが、この　道のりを　新幹線は　約二時間三十分で　いどうします。

新幹線で　旅行する　方法を　説明します。

　まず「みどりのまど口」や　機械で　切符を　買います。出発地や　行き先、出発日や　出発時間、どんな席にすわりたいか　メモを用意して　おきましょう。

　つぎに、切符を　持って　改札に　行きます。　機械に　切符を　全部　入れて、改札から　出てきた　切符を　とって、プラットフォームへ　行きます。

　それから、新幹線が　つくまで　プラットフォームで　待ちます。新幹線が　ついたら、中に　乗っている　人が　おりるのを　待ちましょう。東京駅の　ような　ターミナル駅では　車内の　そうじが行われます。そうじが　終わったら、新幹線に　乗って　席を　さがしましょう。

　最後に、席に　すわったら、ゆっくりと　まどから　見える　景色を　楽しんで　ください。

　読解教材のタイトル「新幹線で　旅行しよう」や最初の一文にある質

問「あなたは　新幹線に　乗ったことがありますか」を利用し、学習者は既存スキーマを活性化させる。教員―学習者、学習者同士で「新幹線」や「旅行」について経験や知識を話して共有した。日本にルーツを持つ子どもたちは日本語で表現できるかどうかは別として、家族での一時帰国などで日本での経験が豊富で、すべての学習者が新幹線に乗ったことがあると答えた。授業では、学習者が得意な言語（広東語や英語）などを織り交ぜながらも、自分の経験や知っていることをクラスで共有していた。このやりとりのなかで、「切符」「改札」「プラットフォーム」などの日本語語彙を、写真などの視覚的教材も活用しながら明示的に導入した。またジャンルの構成上不可欠な明示的な語彙、文法も明示的に導入した。今回の指導ではprocedural reportのテキスト作成ために必要な「まず」「次に」「それから」「最後に」などの接続詞にとくに焦点を当て、そのつかい方について学んだ。教師は答えを提示するのではなく、学習者に問いかけるかたちで学習者の気づきを促し、スキャフォールディングとなるように心がけた。

　［教師の問いの例］
　・「順番を表す言葉に下線を引いてみよう」
　・「順番を表す言葉は文章のどこに出てくるかな」

第二段階　Joint Construction

　ここでは、教師と学習者が対話をしながら一緒にテキストを作成した。まずは、すべての児童が経験したことのある「香港のバスの乗り方」について、口頭のやりとりで手順を確認した。またやりとりのなかで「乗ります」「降ります」「後ろのドア」「前のドア」など語彙の導入もした。この時点で、児童たちは自分の経験を日本語で話すことはできるが、順序立てて説明できる者は少なかった。次に、話し合ったことをワークシート（図3－6）にまとめた。とくに読解教材で学んだ「順序を表す言葉」をどのようにつかえばよいのか、児童が二人一組のペアになってワークシートに取

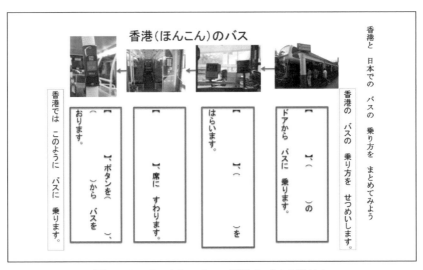

図3－6　ワークシート1：香港のバスの乗り方

り組んだ後、クラス全体で回答例を確認した。

第三段階　Independent Construction

　ここでは、児童が一人ひとり個別にワークシート（図3-7）に取り組んだ。児童は、DeconstructionやJoint Constructionの段階で学んだprocedural reportのテキスト作成に必要な言語的資源や語彙などを活用しながら、ワークシートを埋めていた。ワークシートが完成した児童は、原稿用紙に清書した。さらに、応用として電子機器のつかい方の手順や得意料理の作成手順（レシピ）など、自分でテーマを選んでprocedural reportを書けた児童もいた。Procedural reportというジャンルの文章作成の鍵となる時系列でまとめる構造やそれを具現化する表現（接続詞）などへの理解が深まり、同じジャンルの他テーマでも自分で文章を書くことができるようになったのは大変大きな進歩であるといえる。

　上記のように、三つの段階を追って、教師―児童、児童―児童の対話のなかで、児童たちは今回の学習対象であるprocedural reportというジャンルの

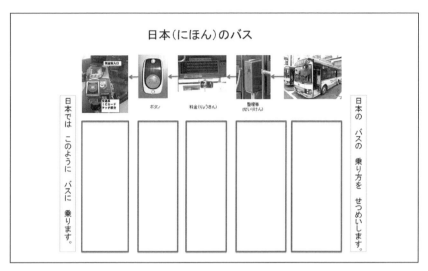

図3－7　ワークシート2：日本のバスの乗り方

テキストの作成方法について、気づき、学び、書き方を習得していった。

4.4　児童からのフィードバック

　授業終了後、児童からフィードバックを募ったところ、以下のような声が聞かれた。

> ・日ごろは何を書いてよいかわからなくて原稿用紙が全然埋まらないが、今回の課題は何をどのような順番で書けばいいのかわかったので書きやすかった（5年生女児）
> ・わからなかったら読解教材を見ればヒントになって、書きやすかった。マーカーでラインを引いたポイントを組み合わせればよかったから簡単だった（4年生男児）
> ・話すときには順番がバラバラだったけど、書くときには順番に気をつけて書けた（5年生男児）

明示的なスキャフォールディングで徐々に手助けを減らしていき、最終的には自分で書くことを目指す教授法は、話し言葉から書き言葉への移行に苦労している児童、日本語で書く活動に苦手意識の高い児童にも精神的負担が少なく受け入れられたようである。

5. 今後の課題と展望

　本章で紹介した香港日本人補習授業校の継承日本語カリキュラムも2016年の試行開始から4年目を迎えた（2019年現在）。

　今後の課題としては、日本の在外教育施設として国語教育やその他の教科教育の質を保障しつつ、多種多様な児童生徒の実態や学習ニーズに寄り添いながら継続的にカリキュラムの見直しを続けていくことが挙げられる。

　現在、選択機能言語学をフレームワークとして国語や算数、理科の検定教科書を分析し、日本の小学生にどのようなジャンルを読んだり書いたりすることが求められるのかを明らかにする研究に取り組んでいる最中である。

　また、毎週土曜日の3時間、年間36回という限られた時間のなかでより充実したスキャフォールディングを児童生徒に提供するには、カリキュラムに盛り込むジャンルを精選し、優先順位をつける必要がある。継承語として日本語を学ぶ学習者が、学ぶべきジャンルとその構成に不可欠な言語的資源（語彙や文法）に関する理解を深めるために、本校卒業生など10代後半〜20代の継承日本語話者を対象に、継承日本語話者としてどのようなジャンルへの接触機会が多いか、どのようなジャンルを学習しておけばよかったと思うかなどの実態調査を行っていきたい。今後これらの分析研究の結果をカリキュラムや教材作りに反映させることで、香港日本人補習授業校における継承日本語学習者への教育をさらに充実させていきたいと考えている。

　さらには、本章で紹介した継承日本語学習者のためのカリキュラムや教育実践が、継承日本語教育に携わる教育実践者間で共有・議論されることにより、今後さらに国際化・多言語化する世界各地でニーズの高まるであろう「継承語としての日本語教育」の発展の一助となることを願っている。

■注記

(1) 香港日本人補習授業校運営委員会のご理解のもと、第12回国際日本語教育・日本研究シンポジウムでの研究・発表資料としての使用および書籍化に際しての掲載許可をいただいている。

■引用・参考文献

奥村三菜子（2010）.「ドイツの日本語補習校幼児部における現状・実践・考察」『母語・継承語・バイリンガル教育（MHB）研究』6, 80-95.

外務省（2018）.「海外在留邦人数調査統計」. https://www.mofa.go.jp/mofaj/toko/page22_003338.html（2019年11月26日閲覧）

倉田尚美（2012）.「メルボルンの大学における継承日本語学習者のニーズ分析とコース開発」『母語・継承語・バイリンガル教育（MHB）研究』8, 57-76.

在香港日本国総領事館（2017）.「在香港日本国総領事館管轄内の在留邦人数」.

中島和子（2003）.「JHLの枠組みと課題：JSL/JFLとどう違うか」『母語・継承語・バイリンガル教育（MHB）研究』プレ創刊号, 1-15.

ハモンド, J.（2009）.「スキャフォールディングの実践とその意味：在籍学級のESL生徒の学びをどう支えるか」川上郁雄・石井恵理子・池上摩希子・齋藤ひろみ・野山広（編）『「移動する子どもたち」のことばの教育を創造する：ESL教育とJSL教育の共振』（pp. 8-42）ココ出版.

文部科学省（2019）. 在外教育施設の概要. https://www.mext.go.jp/a_menu/shotou/clarinet/002/002.htm（2018年7月8日閲覧）

Campbell, R. & Christian, D. (2003). Directions in research: Intergenerational transmission of heritage languages. *Heritage Language Journal*, 1(1), 91-134.

Cummins, J. (2001). *Negotiating identities: Education for empowerment in a diverse society* (2nd ed.). Los Angels: CA: Association for Bilingual Education.

Douglas, M. O. (2005). Pedagogical theories and approaches to teach young learners of Japanese as a heritage language. *Heritage Language Journal*, 3(1), 60-82.

Halliday, M. A. K. (1994). Spoken and written modes of meaning. *Media Texts: Authors and Readers*, 7, 51-73.

Halliday, M. & Hasan, R. (1976). *Cohesion in English* (A Longman paperback). London: Longman.

Halliday, M. A. K. & Matthiessen, C. (2014). *An introduction to functional grammar.* London: Routledge.

Hammond, J. & Gibbons, P. (2005). What is scaffolding. *Teachers' Voices*, 8, 8-16.

Hyland, K. (2003). Genre-based pedagogies: A social response to process. *Journal of Second Language Writing*, 12(1), 17-29.

Martin, J. R. (1999). Modelling context: A crooked path of progress in contextual linguistics (Sydney SFL). In M. Ghadessy (Ed.) *Text and context in functional linguistics* (pp. 25-61). Amsterdam: Benjamins.

Martin, J. R. & Rose, D. (2005). Designing literacy pedagogy: Scaffolding asymmetries. R. Hasan, C. M. I. M. Matthiessen, & J. Webster (Eds.) *Continuing discourse on language* (pp. 251-280). London: Equinox.

Oguro, S. & Moloney, R. (2012). Misplaced heritage language learners of Japanese in secondary schools. *Heritage Language Journal*, 9(2), 70-84.

Valdés, G. (2000). The teaching of heritage languages: An introduction for Slavic teaching professionals. In O. Kagan & B. Rifkin (Eds.) *The learning and teaching of Slavic languages and cultures* (pp. 375-403). Bloomington, IN: Slavica.

第4章

日本におけるムスリムコミュニティの
形成と日本語能力

茨木マスジドの事例から

エルハディディ・アブドエルラヒム

1. 研究背景

　毎年、さまざまな国からムスリム（イスラム教徒）が来日している。本章では、日本で在住している外国籍ムスリムと日本国籍のムスリムを「在日ムスリム」と名づける。在留カード発行時に、本人の宗教の記載が求められないため、日本に滞在しているムスリムの数は明確に知ることはできないが、推測はできる。法務省が公開しているデータをもとに、インドネシア、バングラデシュ、エジプト、サウジアラビアなど、ムスリム人口が全人口の過半数を占める国の国籍を持つ人々だけに限定すると、2016年においては8万1250人が日本に在住している。そして毎日新聞（2018年11月19日）には、日本国籍のムスリムについて次のようなことが書かれていた。

　　日本のイスラムコミュニティに詳しい店田廣文早稲田大教授（社会学）によると、日本人ムスリムは1969年に2000人だったが、2016年の推計では4万人に上る。

　この4万人[1]という日本国籍のムスリムの数に、上記の外国籍ムスリム約8万人を加えると、2016年時点における在日ムスリムの全人口は約12万人であると考えられる。1980年代の半ばごろ、在日ムスリム人口は5000〜6000人であったが（店田 2015: 2）、この30年間で在日ムスリムの人口は約20倍に増加した。この在日ムスリムの急激な増加により、今後日本の地域コミュニティとムスリムとの関わりがますます重要になると推測できる。

　さらに、在日ムスリムが礼拝する場所であるマスジド[2]も近年増加した。1990年までは、日本にはマスジドは数えるほどであり、増築のスピードも遅かった。1990年の時点では4堂であった。しかし、1990年以降の

27年間において急激な増加が見られた。現在、イスラム便利帳[3]による
と、日本におけるマスジドは112堂にのぼる。このように、①留学あるい
は仕事のために日本に滞在しているムスリムの増加、②観光客として来日
しているムスリムの増加、ならびに③ムスリムが礼拝する場所としてのマ
スジドの増加は、ムスリムと日本人の関係にいかなる影響をもたらしてい
るのか。そのことについて調査するために、本研究では大阪府にある大阪
茨木マスジドに通うムスリムを対象に、在日ムスリムは日本語能力がどの
ように重要視されているかに注目したい。

2．先行研究

　イスラムに関する研究は多く行われ、数々の蓄積がある（前島 1962; 井筒
1979）。しかし、在日ムスリムに関する研究が少ないといった指摘がある
（樋口ほか 2000）。これらの研究ではとくに在日ムスリム増加を取り扱った
研究に焦点を当てた。たとえば、マスジドを建設するときの困難に注目し
た研究がある（店田 2015; 三木 2017）。それによると、その困難の主な原因
は、イスラムに対するネガティブなイメージにある（店田 2011）。三木は、
イスラムに対する日本人の理解不足がマスジドの開堂を妨げている大きな
壁になっていると指摘している（三木 2017: 28）。このような困難があるに
もかかわらず、上述したとおり日本におけるマスジド数は増加している。
その理由については、在日ムスリムがマスジドを持つためのノウハウを
得たからだと見られている（三木 2017）。ここでのノウハウには、マスジ
ドになる物件の購入、地域の日本人からの承諾取得、マスジドの宗教法人
化などに関する方法が含まれていると考えられる。これらの手続きを進め
るための交渉ややりとりには、日本語能力が不可欠であると考えられる。
よって、本研究では大阪茨木マスジドを事例に、在日ムスリムと日本語運
用能力の関係に注目したい。

3. リサーチ・クエスチョン

　先行研究からわかるように、12万人の在日ムスリムの3分の2は外国籍である（店田 2015）。そのなかで、日本語ができるムスリムもいるが、日本語ができないムスリムも多い。マスジドとして使用する物件の購入や運営にあたっては、日本語能力が求められる。このような状況のなかで、本研究のリサーチ・クエスチョンを以下のとおりに設定した。

　RQ1：日本語能力は大阪茨木マスジドに通う在日ムスリムに対して、
　　　　どのような影響を及ぼしているのか。
　RQ2: 日本語能力が必要な場面に対して、在日ムスリムはどのように
　　　　対応しているのか。

4. 研究方法

4.1　調査概要

　現在、大阪茨木マスジドとして利用されている建物は2008年から利用され始めた。大阪茨木マスジドは2階建ての建物であり、神戸マスジドや東京ジャミイのようにイスラム建築に特徴的な塔（ミナレット）とドームを備えておらず、普通の日本家屋のような様式である（写真4－1）。
　イスラムの礼拝においては男性と女性が分かれて礼拝することになっているため、男性が一階、女性が二階を利用する。およそ90人の在日ムスリムが大阪茨木マスジドを利用している。大阪茨木マスジドは、多様な国籍を持つムスリムの集まる場で、国立大学法人大阪大学吹田キャンパス（以下、大阪大学吹田キャンパス）の近くにあり、多様な活動を行っている（エルハディディ 2018）。大阪茨木マスジドは礼拝をはじめ、在日ムスリムにイスラム教育やハラール食品[4]などを提供している。また、大阪茨

写真4－1　大阪茨木マスジドの外観

木マスジドは地域コミュニティと接近し、マスジドに地域の人々を招待するなどして地域との関わりを大切にしている。そのため、大阪茨木マスジドを本調査の対象として選んだ。本稿ではこれらの活動における日本語の役割に焦点を当てる。

　大阪茨木マスジドは主に三つのコミュニティから構成されている。それはアラブ系[5]コミュニティ、インド・バングラデシュ系コミュニティ、そしてインドネシア・マレーシア系のコミュニティである。大阪茨木マスジドには、それらのコミュニティに加えて、ムスリムになった日本人やイギリス人なども通っている。また、大阪茨木マスジドには三つの委員会がある。マスジドを運営するマスジド委員会、ムスリムが食べることができるハラール食品を提供するハラール食品委員会、そして大阪近郊の大学、とくに大阪大学へのムスリム留学生の世話をするOMA（Osaka Muslim Association）である。本研究では参与観察とインタビュー調査を実施した。調査期間は2016年12月〜2018年8月である。

4.2　参与観察

　筆者はムスリムとして、また研究者として大阪茨木マスジドでの毎週土曜日に開催されるプログラムで、参与観察を行った。また、筆者は2018

表4-1　インタビューの対象者、場所、時期、人数、日本語能力を持つ人数

対象者	場所	時期	人数	日本語能力を持つ人数
アラブ系	大阪茨木マスジド	2016年12月10日（土）	5	0
アラブ系	大阪茨木マスジド	2017年4月22日（土）	1	0
インドネシア人・マレーシア人	大阪大学吹田キャンパス	2016年12月23日（金）	6	2
バングラデシュ人	大阪茨木マスジド	2017年4月2日（土）	3	1
バングラデシュ人	大阪茨木マスジド	2017年3月18日（土）	2	0
バングラデシュ人	大阪茨木マスジド	2017年4月28日（土）	1	1
ハラール委員	大阪茨木マスジド	2017年3月10日（金）	1	1
マスジド委員	大阪茨木マスジド	2017年3月18日（土）	1	1
OMAの委員	大阪大学吹田キャンパス	2017年3月16日（木）	1	0
イマーム	大阪茨木マスジド	2017年3月17日（金）	1	0
日本人	大阪大学吹田キャンパス	2018年7月19日（木）	1	1
日本人	大阪大学吹田キャンパス	2019年4月22日（木）	1	1

年からマスジドの委員会の一人になった。そのため、参与観察で得た情報をインタビュー調査にも活用した。これによって本研究では、より詳細で豊富な情報を得ることができた。

4.3　インタビュー調査

　上述した三つのコミュニティからのムスリムと、三つの委員会にマスジドの機能と日本社会との関係に関してインタビューを行った。日本語ができない対象者へのインタビューは英語またはアラビア語で行い、その内容を日本語に訳した。また、それぞれのコミュニティの6名のメンバー（計18名）とそれぞれの委員会の代表者（計3名）にインタビュー調査を行った。さらに、マスジドのイマーム[6]（1名）とマスジド委員会に所属しムスリムになった日本人（2名）にもインタビュー調査を行った。なぜなら、日本語対応が必要な場面においては、日本語ができるムスリムに対応が委ねられる。日本語ができるムスリムは、日本語ができる外国籍のムスリム

と日本国籍のムスリムに分けられる。そのため、日本国籍のムスリムをインタビューすることによって日本語の重要性が明らかになると考えた。インタビュー対象者数の合計は24名である。その内訳と詳細について、表4－1に示す。

5．結果と考察

　ここで調査の結果を用いて考察する。上述したとおり本調査でインタビューした24名のムスリム（日本人ムスリム2名を除く）のなかで、6名は日本語ができる。つまり、およそ3分の2以上は日本語ができないことがわかった。日本語ができないインドネシア人のZさんは以下のとおり述べている。

　日本語ができないので、日本人と親しく話すことができません。日本人は私に対する態度がいいですが、彼らは英語ができないので、私に近づこうとしません。もし私が日本語を自由に話せたら、近づいたかもしれません。最近、この距離はムスリムだからできた距離なのではなく、私たちは日本人でもないし、日本語がわからないからだと思うようになりました。

　このようにZさんは、日本語能力がないことによって日本人の友だちができないと考えている。また、エジプト人のDさんも同じ研究室の同僚と仲良くできないのは、日本語ができないからだと考えているようである。ZさんとDさんの事例からわかるように、日本語能力がないことはホスト社会である日本社会とよい関係を持ちたいムスリムたちの妨げになることを予想できる。これは日本やムスリムに限ったことではなく、ヨーロッパにおいても言語と文化の違いが問題を引き起こす原因になっている（Planerladen 2005）。そして、大阪茨木マスジドに通うムスリムコミュ

ニティは、ホスト社会とよい関係を持つための日本語能力の重要性を理解し、インタビューおよび参与観察から、以下の取り組みを行っていることがわかった。

5.1 日本語能力とマスジド委員会の形成

　まず、マスジド委員会の組織構成や取り組みに焦点を当てると、大阪茨木マスジドは日本語を重視していることがうかがえる。マスジド委員会はマスジドのなかの選挙[7] により選ばれた10人のメンバーからなっている。9人は多様な国籍を持つ外国人であり、1人は日本人ムスリムである。外国人のなかで5人は日本語を話すことができる。結論からいえば、日本語が求められる場面が多いことから、大阪茨木マスジド委員会の半分以上は日本語ができる人から形成されている。ここで、日本語が求められる多様な場面について詳しく述べる。

5.1.1 近隣日本人とのコミュニケーション

　日本語をつかう重要な場面といえば、マスジド周辺の地域住民とのコミュニケーションである。上述した土曜日プログラムにはおよそ90人のムスリムが参加する。車でマスジドに来るムスリムも少なくないので、マスジドの駐車場が足りない。そのため住民の許可をとり、無料で家の前のスペースを借用していた。その対価として、借用スペースの草刈りを行っていた。2018年6月に発生した大阪府北部地震後には、草刈りの代わりに、毎月5000円を支払うことになった。また、ラマダン[8] では毎日タラウィーフ[9] 礼拝を行う。毎年ラマダンが訪れるたびに、期間中の1か月は毎日マスジドを利用することで近所に迷惑をかけないようにと、地域住民に事前に連絡している。

　さらに、2019年9月に、大阪茨木マスジド委員会は近隣に住む日本人をマスジドに招待し（写真4−2）、4人の日本人が大阪茨木マスジドを訪問した。マスジド側からは、日本語ができるムスリムが参加した。出席した4人

写真4－2　大阪茨木マスジドでの近隣住民との交流

の日本人とムスリムはバングラデシュ人が作った料理を食べながら、自由に会話し、地域の特性と大阪茨木マスジドの設立について会話をした。そして、死後の世界についての話で盛り上がり、日本のお盆とイスラムにおける死後の世界について話し、学び合った。このイベントに参加したムスリムと日本人のあいだに、日本語能力という共通点がなければ、このような会話ができなかった。大阪茨木マスジドは、ムスリムと近隣住民に対して、互いに会話する機会を設けていた。また、面会して終わりではなく、日本語を通して自由に会話をしながら、相互に学び合うことを可能にしたといえる。

5.1.2　災害時における対応

　日本は災害大国であり、この国に住むかぎり災害時の対応は必須である。そして、然るべきときにふさわしい対応ができるようになるには、日本語は第一に必要な要素であると考えられる。大阪府北部地震によってマスジドの建物の一部に亀裂が生じたため、保険会社に連絡する必要があった。保険会社への連絡とその後のやりとりは日本人ムスリムによって行われた。地震により、マスジドが所有している建物の壁が倒れ、近隣住民のエアコンの室外機を破損した。大阪茨木マスジド委員会は、所有者に謝罪し、新しいエアコンを購入して弁償した。また、地震による建物の損傷を

写真4−3　大阪茨木マスジドでイスラムについて学ぶ高校生たち

直すために、建設会社に連絡をとった。これらの連絡を担当していたのは
日本人ムスリムと他の日本語ができるメンバーである。要するに、保険会
社に連絡すること、近隣住民との話し合い、建設会社に連絡することは日
本語を必要とすると想定できる具体的な場面であり、ここから災害時にお
ける日本語の大いなる必要性がうかがえる。

5.1.3　マスジド訪問者への説明

　次に、大阪茨木マスジドを訪問する個人、あるいは団体の日本人との交
流が挙げられる。2018年8月1日に、20人の高校生と引率の高校教師が大
阪茨木マスジドを訪問した（写真4 – 3）。イマームは英語で訪問者にイス
ラムの基本的な教えについて簡単に紹介し、質疑応答が行われる。そのた
めに、英語から日本語に通訳する必要がある。日本語への通訳は、英語担
当の引率教師、またはマスジドに通う日本語を話せるメンバーが担当する
ことになっている。

5.1.4　地域社会との関わり

　ここでは日本語が必要とされる事例として、ムスリムの地域イベントの

写真4－4　豊川フェスタ2018

参加について論じる。大阪茨木マスジドは地域とよい関係を保つために、地域（大阪府茨木市）のイベントに積極的な参加を心がけている。2018年10月に地域の学校のグラウンドで行われた大阪の「豊川フェスタ2018」に参加した（写真4－4）。また、2019年3月に大阪茨木マスジドの近隣施設である「茨木市立豊川いのち・愛・ゆめセンター」で行われた「第17回豊川やよい祭」にも参加した。この二つのイベントでは、インドネシア料理とエジプト料理を提供した。

　これらのイベントに参加するために、準備の会議に出席したり、メールや電話などのやりとりをしたりした。これらの事前準備は日本語で行われた。イベントの当日にも、地域住民の参加者からはイスラムや料理の材料について質問があり、それに対してムスリムたちは日本語で対応した。

　このように、地域社会とのよい関係を持つうえで、大阪茨木マスジドにとっては日本語が不可欠な手段になっていることが明らかである。

5.1.5　地域社会の施設でイスラムイベントの開催

　調査概要で述べたとおり、大阪茨木マスジドの普段の利用者は約90人である。しかし、イスラムにおける年に二つの大きなイベント（イード）

では普段より多くのムスリムが参加する。断食明けの祭り（イードエルフィトル）(10) と犠牲祭（イードアドハ）(11) には、およそ250人以上のムスリムが参加する。大阪茨木マスジドはこの多くの参加者を収容しきれない。そのため、大阪茨木マスジドの近くの施設に連絡し、それらの施設の会議室を借用する。そのようなときには、上述した「豊川いのち・愛・ゆめセンター」に連絡する場合が多く、そこでイードのイベントを実行する。これら会場の借用やイベントの開催のやりとりは、日本語で調整が行われる。

　このように日本語をつかう場面が多いからこそ、日本語が専門であったり日本語を話せたりするムスリムが少ないなかでも、大阪茨木マスジド委員会のメンバーに選ばれたムスリムの半分以上は、日本語を話すことができるのである。

5.2　日本語能力とコミュニティにおけるメンバー間の通訳支援

　次に、コミュニティメンバーによる日本語通訳の支援について報告する。日本語能力があるムスリムが日本語のできないムスリムを無償で手伝うという利他的行為も観察された。日本語がわかるムスリムは日本語がわからないムスリムのために電話をかけたり、手続きに同行したりする。この利他的行為はインドネシア・マレーシア系のグループにはっきり見られた。また、インタビュー調査からもこの傾向が明らかであった。日本語がわからないインドネシア人のMさんは日本に来たばかりのときに、電気や水道のサービスを利用するためにそれぞれの会社に電話連絡をする必要があった。Mさんは日本語がわからないので、インドネシア人のグループで日本語の支援が必要となったときに、常に無償で日本語の支援をするNさんに依頼した。Mさんは笑いながら「無料だし」と言った。以下では、このような利他的行為の場面を詳しく報告する。

5.2.1　公共サービスの手続き

　NさんはMさんと日本に来たばかりのときの様子を以下のように話し

ている。

　私とＭさんは日本に来たばかりのときに、日本語の先生として働い
ている一人のインドネシア人の先輩がいて、市役所での手続きなどに
いろいろとてもお世話になりました。

　また、Ｚさんは車の免許証を取得するためにＪさんが同伴した話をした。
これらの事例からわかるように、日本語ができるムスリムと日本語ができ
ないムスリムのあいだでは利他的な支援関係が生まれているといえる。日
本語がわかるＮさんとＪさんは、ＭさんとＺさんを手伝わなければならな
いという義務を負っていないが、当たり前であるかのように手を差し伸べ
ている。

5.2.2　公共サービス手続きの支援

　三つのコミュニティでは、日本語がわかるムスリムは日本語がわからな
いムスリムに、水道・電気・ガスなどのサービスの会社に電話することが
わかった。興味深いのは、支援者側と被支援者側が必ずしも同じ出身国の
ムスリムとはかぎらないことである。たとえば、日本語がわかるインドネ
シア人が日本語がわからないエジプト人を支援した例も見られた。つま
り、国籍の違いにかかわらず支援が行われている。

　これはムスリムたちが日本語を通じて国籍を超えた利他的行為ができた
ということである。

5.2.3　病院での通訳

　普通の施設での手続きと違い、救急の場面における支援のため独立のカ
テゴリーとした。2019年の３月にエジプト人のＡさんは、息子が自転車で
横転したため、救急車を呼んだ。救急隊員はさまざまな病院の救急科に電
話をかけてみたが、患者の親であるＡさんが日本語がわからないことが

影響し、対応ができる病院はなかなか見つからなかった。そのため、Ａさんは筆者に電話をかけてきて状況を説明し、病院への同行を依頼してきた。筆者はＡさんと一緒に病院へ行き、Ａさんに息子の状況に関する医者の説明を通訳した。

5.2.4　無料案内書

　OMA委員会は、大阪に初めて来る日本語ができないムスリムのために、生活に関わる手続きや病院・市役所などの施設について解説する案内書を英語で作成している（写真4-5）。筆者はこの案内書の作成に関わったため、案内書作成のプロセスを詳細まで認知している。案内書には、礼拝に困らないように大阪茨木マスジドと他の礼拝室の住所が掲載してある。

　また、ハラール食品の入手場所とスーパーマーケットの紹介も案内書には掲載されている。さらにこの案内書には、日本語がわからなくても救急連絡ができるように、ローマ字で日本語の発音が書いてある。たとえば、表4-2の言葉が案内書にある。救急の際には日本語ができるムスリムに頼る時間的余裕がないため、日本語ができないムスリムは、この表を活用して日本語の発音で伝えるしかない。こういった表の存在からは、在日ムスリムの生活における日本語の重要性がうかがえる。

　ムスリムたちは無償でこの案内書の作成に携わった。そして、この案内書は英語で書かれているため、ムスリムではない人も使用す

写真4-5　ニューカマーのための無料案内書

表4－2　無料案内書の救急連絡

Fire	Kaji desu
Car Accident	Jidosha jiko desu
Ambulance	Kyuukyuusha desu
Police	Keisatsu desu

ることができる。これは、ムスリムではない非日本語話者に対する配慮に基づくものであり、利他的行為であるといえる。

　このように、日本語を話すことができないムスリムと、日本語を話すことができるムスリムのあいだでは、援助行動が見られた。一人では対応できない課題に対して、他のムスリムの能力を借りて解決している。言語運用能力が限られている場合、日本における膨大な情報のなかでどれが役に立つか、情報の取捨選択が困難なため、コミュニケーションによって助け合う関係が生じたといえる。

5.3　利他性を促している教え

　上述した多様な場面においては、日本語を通して利他的な行為が見られてきた。以下では「なぜ日本語がわかる在日ムスリムは日本語がわからない在日ムスリムを手伝うのか」について論じる。

　まず、「同じ出身国の人だから手伝っている」という解釈があるかもしれない。しかし、日本語がわかるインドネシア人が日本語がわからないエジプト人を支援した事例にあったように、国籍を超えた援助行動が見られた。次に、外国人同士なので助け合っているという解釈もある。しかし、日本人のムスリムもいるので、外国人ばかりではない。そのため、出身国や国籍だけでは、「なぜ日本語を通して利他的な行為が生まれたのか」を十分に説明できない。

　この質問への答えは、支援側と被支援側が知り合った場であるマスジドにあると考えられる。国籍、肌の色を問わず、すべてのムスリムに開かれているマスジドに、多様なムスリムが集合する。そこで知り合って、情報

交換をしながら、友人になり、助け合う利他的な行為が生まれるのである。しかし、集合するだけで利他的な行為に至るわけではない。人々はさまざまな場所で集合するが、必ずしもこの集合によって利他的行為が生まれるわけではない。

したがって、マスジドでは利他的な行為が生まれるための環境が整っていると考えることもできる。この利他的な行為が生まれる環境には、「イスラムの教え」があると思われる。イスラムの教えでは助け合うことがよく説かれ勧められている。クルアーンでは「寧ろ正義と篤信のために助けあって、信仰を深めなさい。罪と恨みのために助けあってはならない。アッラーを畏れなさい」[12]と、アッラーはムスリムが助け合うように命令している。さらに、預言者ムハンマドは「自分自身を愛するように兄弟を愛すまでは、誰一人信者ということはできない」[13]というハディース[14]を残している。

つまり、助け合うことと利他性を促進するイスラムの教え、そして日本ならではの状況におかれたことが相まって、このようにムスリムはつながり助け合う行動をとったといえる。それが形になった一つの事例は、本研究のテーマである日本語である。日本語は在日ムスリムたちが助け合う媒介のようなものになっているといえる。

6. 結　論

本研究では、日本においてコミュニティを形成した在日ムスリムと、その中心であるマスジドを取り上げた。そして、そのマスジドが日本にあるがゆえに、日本語能力が重要な課題であることが明らかになった。

まず、図4－1に示すように、「近所の日本人とのコミュニケーション」をはじめ、「災害時における対応」「マスジド訪問者への説明」「地域社会との関わり」「地域施設でのイスラムイベント開催」などの多様な場面で、日本語が求められていることがわかった。それは「日本語能力は大阪茨木

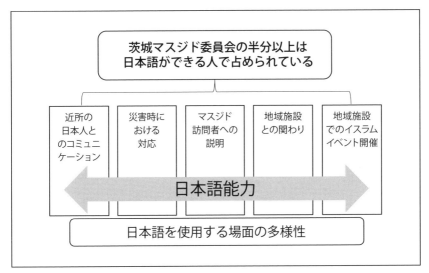

図4－1　マスジド委員会の形成に対する日本語能力の影響

マスジドに通う在日ムスリムに対して、どのような影響を及ぼしているのか」という第一のリサーチ・クエスチョンに関して検討するなかで論じた。

　そのために、大阪茨木マスジド委員会の半分以上は日本語ができるメンバーで占められている。そこから、大阪茨木マスジドは日本語運用能力を重要視していることが明らかになった。また、地域社会の日本人との関係を大事にするという点からも、日本語運用能力は重要視されていることがうかがえる。

　次に「日本語能力が必要な場面に対して、在日ムスリムはどのように対応しているのか」という第二のリサーチ・クエスチョンに関して論じた。その結論は図4－2にまとめた。ムスリムコミュニティのメンバー間では利他的支援行為が見られた。日本語ができるムスリム（援助する側）は無償で日本語ができないムスリム（援助される側）を手伝っている。図4－2が示すように、「一般施設での手続き」「公共サービスの利用」「病院の利

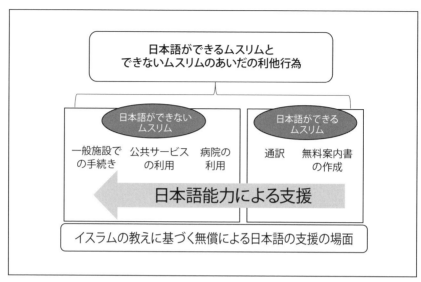

図4－2　コミュニティのメンバー間の関係に対する日本語能力の影響

用」などのような場面のなかで、日本語が必要とされる。なぜなら日本語の支援がなければ、困難を感じる在日ムスリムコミュニティのメンバーが出てくるであろう。しかし、利他性を促すイスラムの教えは日本語ができるムスリムとできないムスリムの支援のなかでその効果が発揮されたといえる。そして、日本語能力の有無によりムスリムコミュニティのメンバー間に利他的な支援行為が生じることが明らかになった。

　マスジド委員会の形成にしても、コミュニティにおけるメンバー間の関係にしても、日本語能力の影響が明らかになった。そこから、ムスリムコミュニティが日本語を重要視していることを明らかにした。日本語ができるムスリムが少ないなかで、マスジド運営における日本語が必要となる場面が多いため、マスジド委員会には日本語ができるメンバーが多い。今日の情報社会のなかで、多種多様にわたる情報を取捨選択する能力が問われる。日本社会では、そこに日本語能力が不可欠となるからである。

　このように大阪茨木マスジドは、日本の地域社会での生活には日本語を

必要とする課題が多いために、日本語運用能力を重要視している。日本語を重要視した結果は、地域社会とマスジドの関係にどのような実を結ぶのかは今後の研究の大きな課題である。また、大阪茨木マスジドは大阪大学の近くにあり、少数ではあっても日本語ができるメンバーを集めることができたと考えられる。しかし、他のマスジドの場合はどうなっているのかを研究することは、非常に興味深いテーマである。とくに東京と大阪という大都市以外のマスジドが地域社会との共生のために日本語能力の重要性をどのように捉え、生活しているのか。その調査は今後の課題である。

■注記

(1) 日本国籍のムスリムの内訳は、結婚で改宗した人が1万2000人、第二世代（子ども／若者）が2万3000人、日本国籍を取得した外国出身者とその家族が3000人、自ら改宗した人とその家族が2000人となっている。

(2) マスジドはアラビア語の言葉であり、イスラムの礼拝所モスクを指す。サジャダ（ひれ伏す）という動詞から派生した。

(3) http://islamjp.com/benri/benriindex.htm（2019年11月4日にアクセス）

(4) イスラム法に則った食品であり、ムスリムが食べてもいい食品を指す。

(5) エジプト人、シリア人、イエメン人、スーダン人、リビア人、ヨルダン人を指す。

(6) 礼拝上のマスジドの指導者。

(7) 三つのコミュニティとその他のコミュニティがそれぞれ5人ずつ推薦し、そのなかから10人が選ばれる。日本語能力が条件ではない。にもかかわらず、選ばれた10人のうち6人は日本語ができる。

(8) ラマダンはイスラムカレンダーの9月にあたる。ムスリムはこの1か月に断食する。断食はおよそ夜明けの1時間前から始まり、日没まで何も食べない、何も飲まない。

(9) タラウィーフは毎日の5回の礼拝のように義務になっていないが、ラマダン月に特別に行う礼拝なので、多くのムスリムはタラウィーフ礼拝に参加し、ラマダンを実感するようである。

(10) 陰暦の10月1日に開催され、9月にあたるラマダンの月が明けてからの祭りのことをいう。

(11) 陰暦の12月10日、巡礼と同じ時期に開催される。

(12) クルアーン食卓章2節（三田了一訳『聖クルアーン』日本ムスリム協会、1982年、

全1巻、http://www2.dokidoki.ne.jp/islam/quran/quran005-1.htm）。

(13) 第13伝承（イマームアンナワウィー編、黒田壽郎訳『40のハディース』、https://d1.islamhouse.com/data/ja/ih_books/single/ja_forty_nawawi_hadith.pdf）。

(14) ハディースは預言者ムハンマドの言行録である。

■引用・参考文献

阿満利麿（1996）.『日本人はなぜ無宗教なのか』筑摩書房.

井筒俊彦（1979）.『イスラーム生誕』人文書院.

稲場圭信（2011）.『利他主義と宗教』弘文堂.

エルハディディ・アブドエルラヒム（2018）.「日本におけるマスジドの機能と日本社会との関係：大阪茨木マスジドを事例に」大阪大学人間科学研究科.

岸田由美（2011）.「ムスリム留学生の宗教的ニーズへの対応：現状と課題」『留学生交流・指導研究』13, 35-43.

工藤正子（2009）.「関東郊外からムスリムとしての居場所を築くパキスタン人男性と日本人女性の国際結婚の事例から」『文化人類学』74(1), 116-135.

志水宏吉（2014）.「未来共生学の構築に向けて」『未来共生学』1, 27-50.

高尾賢一郎（2011）.「ムスリム社会における社会貢献：現代シリアのアブー・ヌールの事例」『宗教と社会貢献』1(2), 1-20.

店田廣文（2006）.「在日ムスリム調査：関東大都市圏調査第一次報告書」早稲田大学人間科学学術院　アジア社会論研究室.

店田廣文（2015）.『日本のモスク：在日ムスリム社会的活動』山川出版社.

店田廣文・岡井宏文（2011）.「外国人に関する意識調査　岐阜市報告書」早稲田大学人間科学学術院　アジア社会論研究室.

谷富夫・芦田徹郎（2009）.『よくわかる質的社調査　技法編』ミネルヴァ書房.

寺沢重法（2011）.「宗教活動は社会貢献活動か？：『宗教団体の社会的活動に関するアンケート調査』の分析」『宗教と社会貢献』1(1), 79-101.

富沢寿勇（2010）.「ハラール産業は世界を変えるか？：グローバル化に挑戦するイスラーム圏東南アジア」『フィールドプラス：世界を感応する雑誌』（東京外国語大学アジア・アフリカ言語文化研究所編）4, 10.

中野祥子・奥西有理・田中共子（2015）.「在日ムスリム留学生の異文化適応に関する研究の動向」『岡山大学大学院社会文化科学研究科紀要』39, 249-259.

沼尻正之（2010）.「越境する世界宗教：グローバル化時代の神々のゆくえ」『追手門学

院大学社会学部紀要』4, 57-72.

沼尻正之（2017）.「現代日本における『ハラール』をめぐる諸問題」三木英（編）『異教のニューカマーたち：日本における移民と宗教』（pp. 65-94）森話社.

橋爪大三郎（2006）.『世界がわかる宗教社会学入門』筑摩書房.

樋口直人・丹野清人（2000）.「食文化の越境とハラール食品産業の形成：在日ムスリム移民を事例として」『社会科学研究』13, 99-131.

樋口裕二（2005）.「埋葬状況からみた在日ムスリムコミュニティ」『常民文化』28, 43-69.

福島康博（2016）.「ムスリムの日常生活を支える商品・サービス」『フィールドプラス：世界を感応する雑誌』（東京外国語大学アジア・アフリカ言語文化研究所編）16, 4-5.

藤澤三佳（2003）.「A・ストラウスらのグラウンデッド・セオリー」中野正大・宝月誠（編）『シカゴ学派の社会学』（pp. 315-324）世界思想社.

星野英紀・山中弘・岡本亮輔（2012）.『聖地巡礼ツーリズム』弘文堂.

毎日新聞（2018）.「日本人ムスリム増え4万人に平和と平等，共感広がる」（11月19日東京朝刊）.

前嶋信次（1962）.『イスラムの文化圏：回教の文化』至文堂.

三木英（2012）.「宗教的ニューカマーと地域社会：外来宗教はホスト社会といかなる関係を構築するのか」『宗教研究』85（4）, 879-904.

三木英（2017）.「マスジドと地域社会」『異教のニューカマーたち：日本における移民と宗教』森話社.

三田了一（訳）（1982）.『聖クルアーン』（全1巻）日本ムスリム協会.

嶺崎寛子（2013）.「東日本大震災支援にみる異文化交流・慈善・共生：イスラム系NGOヒューマニティ・ファーストと被災者たち」『宗教と社会貢献』3（1）, 27-51.

山中弘（編）（2012）.『宗教とツーリズム』世界思想社.

Alzahaby, M. (1976). The massage of the Masjid in the world throughhistory, *Journal of Islamic Research*, 2(2), 537-540.

Damry, H. (2006). *The contributions of the Masjid to face the intellectual and moral deviations from the perspective of Islamic upbringing*. Mecca: Umm Al-Qura University.

Durkheim, E. (1912). *Les formes elementaires de la vie religieuse, le systeme totemique en Australie*. Paris: Presses Universitaires de France.［＝古野清人（訳）（1975）.『宗教生活の原初形態』岩波書店］

EuMC (2006). Muslims in the European Union: Discrimination and Islamophobia.

Nan Lin, N. (2001). *Social capital: A theory of social structure and action*. Cambridge: Cambridge University Press. ［＝筒井淳也・石田光則・桜井政成・三輪哲・土岐智賀子（訳）（2008）. 『ソーシャル・キャピタル：社会構造と行為の理論』ミネルヴァ書房］

第5章

協働学習と異文化コミュニケーション

「内なる国際化」が進む日本で
高等教育機関は何を求められているか

佐藤良子
(内田良子)
平田亜紀
福本明子
宮崎　新

1. はじめに

　1980年代に日本国内で高まった国際化（internationalization）の機運は、より「世界」、とりわけ「アメリカ」の価値観やコミュニケーションスタイルを目指していくような外向きのベクトルを向いていたといえる。異文化コミュニケーションや異文化理解の学問的出発点は、アメリカの研究への追従やその後の日本文化研究などに見られるように（久米 2011）、外に向けての国際化というかたちで広まりを見せたといえるだろう。

　近年では、東京オリンピック（2021年開催予定）に向けて、日本文化の積極的な発信（クールジャパン戦略）、学生の海外留学促進（トビタテ！留学JAPAN）などの政策による外への動きが盛んである。そして、インバウンドツーリズム強化による訪日外国人数は、2018年には3119万人を超えて過去最高となった（日本政府観光局 2019）。加えて、政府は深刻な人手不足に対応するために2019年4月から「特定技能」という新しい在留資格を創設し、外国人人材を積極的に受け入れるよう「出入国管理及び難民認定法」を改正した。日本国外にだけ目を向けていては、「異文化理解」はできない社会的背景がある。こうしたなかで、異文化コミュニケーションは日本文化―アメリカ文化、日本語―英語のような二項対立の前提を批判的に捉え直し、さまざまな社会的要因の交錯のなかに見ていく必要が問われているのである（河合 2016）。

　本章は、日本の高等教育機関でコミュニケーション研究、そしてコミュニケーション教育に従事する筆者らの実践報告を通して、このような「内なる国際化」が進むと考えられる日本社会での、協働学習と異文化コミュニケーションの接合点を模索するものである。それぞれの筆者は、教育現場において、留学生と日本人学生との交流を通した異文化理解（事例1、事例2）、また、海外（英語圏）に学生を送り出すための事前学習（事例3）といった、さまざまな文脈でのコミュニケーション教育、異文化理解の素地

づくりを行っている。具体的には、愛知大学（名古屋市）と愛知淑徳大学（名古屋市）で行われた三つのプロジェクトを事例として取り上げる。

　愛知大学現代中国学部は2012年度から2016年度にかけ文部科学省の「経済社会の発展を牽引するグローバル人材育成支援（特色型）」に採択され、2017年度以降もグローバル人材育成に取り組んでいる。その事業の一部として「さくら21プロジェクト」も継続して実施されている。このプロジェクトは語学力の育成だけでなく、日本を深く理解し外に向けて発信する力の育成を目的に行われている。ここでは、「さくら21プロジェクト」の一環として行われている正課内活動と正課外活動から得られた知見を報告する。

　愛知淑徳大学ではグローバル・コミュニケーション学部が2016年度に創設された。文化的背景を超え協働して社会の諸問題を解決できる地球市民を育成することを目標に掲げている。各学年の定員は60名の少人数制とし、専門科目を英語で実施し、全員が海外への短期留学を必須としている。国際理解を促進することを目的とした正課外・正課内教育実践（各一例）を報告する。

　これ以降は、本章の主要概念の説明、そして三つの教育実践の報告をもとに考察し、高等教育機関において異文化コミュニケーション教育が果たす役割や可能性について論じていく。なお、本章でいう「正課外活動」とは、正規カリキュラム外で行われる非単位の活動を指し、もう一方の「正課内活動」は、単位となる授業と授業に連動した課題や学外教育を指す。

2.　主要概念

2.1　協働学習と協同学習

　まず、本章では「きょうどう」に「協働（collaborative）」という表記を選択的に用いることとする。協「働」学習の一つの特徴は、異なる地域の異なる能力を持った人々が一つの課題へ集団として取り組み成果を出すこ

ととと理解されている（福嶋 2018; 溝上 2014）。学習者間の異質性と、それまでの人生で習得済みの、集団内の他の構成員が持ちえない、特異な経験や能力を一人ひとりが有していること、そしてそれが発揮され結果がもたらされることが期待される。成果物の質を高めるのは、教員による過程の管理下にあるわけではなく、学習者が互いから学び取ることによってもたらされると期待される部分が大きい。そして教員もまた特定の文化的背景に属していることから、学生間のダイナミクスから生まれる成果物を正しく予測できるわけではない。

　対する協「同」学習は、上位概念であるわけではないが、より一般的な表記ではある。端的にいうと、互いを助け合い学び合う姿勢のことで、学びの過程が重視される（安永 2015）。個が競争意識をもって学ぶ姿勢の対比として位置づけられるが、集団内の同質性・異質性という点は必ずしも議論されない。ただし、同質性の高い集団内での活動であることが前提条件であるかのように扱われており、さらにより基礎的な、たとえば初等教育・中等教育での実践が想定される（福嶋 2018）。そこでは教員が大きな影響力、つまり権力を持ち、活動の流れが管理され、その意味において成果物も教員の想定範囲に収まる。

　「きょうどう」とその漢字表記にはまだ議論の余地があり、たとえば協「働」と協「同」を二項対立概念とする識者もいれば、含有概念とする識者もいるのが現状である[1]。

　本章では最終的には「共にある」だけで学びが派生することを暗喩する協「同」学習を意識しつつも、集団内の構成員の文化的背景が異なること、出発点として専門性の高い者同士が集まり共に「働く」ことをより前面に出す協「働」学習を採用することで、高等教育機関で異文化コミュニケーション教育に取り組んだ実情を反映したいと考える。

2.2　異文化コミュニケーション

　日本における異文化コミュニケーションは、アメリカでの研究を出発点

とした背景からも、いまだに英語によるコミュニケーションを前提とする
傾向にある。異なる文化背景を持つ人々の交流が増えるなかで、英語など
言語教育の果たす役割は大きい。言語に触れることは、その後ろにある文
化や他者を学ぶことでもあるからだ（藤原ほか 2017）。

　だからこそ、異文化コミュニケーション教育の範疇は学生の外国語能力
の向上だけにとどまるものであるべきではない。異文化について考え語っ
たりすることは、他者について考えを巡らせるだけではなく、自分自身の
立ち位置や視点を内省し、「気づき」を生むきっかけとなるのである（Ohri
2016）。

　上記のように異文化コミュニケーションを捉えることで、「異文化」は
日々の生活の外に存在するものではなく、きわめて日常的で身近なものと
して捉えることが可能となるのである（池田ほか 2019）。本章ではこうした
「自己と他者との関係性」を軸とした視点から、「内なる国際化」に対す
る、異文化コミュニケーションの捉え方を考察していく。

2.3　内なる国際化

　日本には2019年12月末の時点で約293万人の外国人住民が生活してお
り、その数は総人口の約2％にあたり過去最高である（法務省 2020）。さら
に外国人住民は今後も増加し、日本の総人口に占める割合もさらに上昇す
ることが見込まれている[2]。このように日本国内は、外国人住民が増加す
ることで多言語化、多文化化が進んでいる。初瀬（1988）はこのように国
内が国際化していくことを「内なる国際化」と呼んでいる。

　グローバル社会に対応するには、海外で活躍するだけでなく、「内なる
国際化」が進む国内でさまざまな文化背景を持つ人と協働する力を育成す
ることも重要である。そこで、本章では「グローバルに考え、ローカル
に行動（Think globally, act locally）」できる人材、つまり、「外への国際化」
と「内なる国際化」に対応できる人材を育成するにはどのような教育が求
められるのかについて考察する。

3.〈事例1〉愛知大学：正課内活動と正課外活動の連携

3.1 留学生教育と協働学習

　愛知大学で実施した協働学習型国際交流プロジェクトを取り上げる。本節では留学生と日本人学生の双方が異文化コミュニケーションからどのような学びを得たのかを考察する。

　このプロジェクトは、留学生を対象に開講された正課内活動「相互交流基礎」と正課外活動「さくら21プロジェクト・留学生と行く！」とを連携して行われた。正課内活動を履修した留学生は15名で、内訳は中国13名、香港1名、韓国1名であった。授業では「学内で国際交流会を企画し実施する」という課題にグループで取り組み、授業内の一部と授業外の時間をつかい留学生が主体となり準備を行った（表5-1）。

　グループは3～4名で構成し、クラスを4グループに編成した。正課外活動として行った国際交流会は20XX年4月から7月のあいだに計4回実施し、留学生の故郷や名物を紹介したり、ゲームを通して交流したりした。主な使用言語は日本語で、中国語や韓国語の使用もときどきあった（表5-2、写真5-1、写真5-2）。

　口コミや学内の電子掲示板（Live Campus）を通じて参加者を募り、延べ37名の留学生と7名の日本人学生、計44名が参加した。留学生[3]は学部留学生（現代中国学部、国際コミュニケーション学部、経済学部）と協定留学生で、中国、香港、韓国出身であった。また、日本人学生は現代中国学部、国際コミュニケーション学部の学部生であった。

3.2 調査の目的と方法

　協働学習で取り組んだ国際交流会で企画留学生や参加学生が何を学び、どのような課題に直面したのか調査を行った。

　調査は国際交流会を企画・実施した留学生15名（中国13名、香港1名、韓

表5－1　活動内容・事前準備（2～3か月）

【正課内活動】	・テーマ「学内の国際交流」 ・資料収集の仕方（国内での国際交流事例） ・グループ活動（計画、目的、役割分担、今後の作業予定） ・中間発表（進捗確認）、最終発表
【正課外活動】	・国際交流企画立案 ・交流会のチラシ作成、告知文作成 ・学内での参加者募集 ・参加者へのアンケート作成
【授業外での教員支援】	・学内e-learningシステム（Moodle）で進捗確認

表5－2　活動内容・国際交流会内容と参加者数

日時	活動内容	参加者
20XX年5月24日	①中国のトランプをしよう！	11名（留学生11名）
20XX年5月31日	②中国の文化と料理を知ろう！	10名（日本1名、留学生9名）
20XX年6月7日	③友だちになろう！	17名（日本6名、留学生11名）
20XX年6月14日	④音楽で距離を近づける	6名（留学生6名）

写真5－1　「第2回中国の文化と
料理を知ろう！」の様子

写真5－2　「第3回友だちになろう！」
の様子

国1名）と国際交流会に参加した学生44名（留学生37名、日本人学生7名）を対象に質問紙を用いて行った。質問紙は学生の人口学的特質（学部、学年、出身地）、満足度（プログラムの内容、国際交流、異文化理解）、今後の国際交流会への参加意欲、自由記述で構成された。満足度、国際交流会への参加意欲は5段階で評価させた。数字が高ければ高いほど満足度、参加意欲が高いことを示す。

調査は20XX年5月24日〜20XX年7月17日にかけて実施した。質問紙は国際交流会後に配付・回収した。企画留学生への調査は、授業最終日に実施した。

3.3　企画留学生に対する調査結果の分析と考察

企画留学生のプログラム内容、国際交流、異文化理解に対する満足度、今後の国際交流会への参加意欲の平均（M）と標準偏差（SD）は表5−3のとおりであった。

結果によれば、企画留学生はプログラム内容に対する満足度（M=4.47, SD=.50）が最も高く、次に異文化理解に対する満足度（M=4.13, SD=.88）が高いということが明らかになった。プログラム内容に対し満足度が高かった理由として、自分たちが好きなテーマを選び、企画、実行したことが楽しかったという意見が自由記述で挙げられた。自律的に学習したことが高

表5−3　企画留学生、参加学生の満足度、国際交流への
意欲の平均値（M）、標準偏差（SD）の結果

	企画留学生（N=15）		参加学生（N=44）	
	M	SD	M	SD
プログラム内容	4.47	.50	4.82	.39
国際交流	4.01	.88	4.68	.83
異文化理解	4.13	.88	4.74	.55
国際交流への意欲	4.36	.81	4.63	.81

※数値が高ければ高いほど満足度（プログラム内容、国際交流、異文化理解）、国際交流に対する意欲が高い。

い満足度につながったようである。また、異文化理解については、日本語だけでなく、韓国語、広東語など他国や地域の言葉と文化を理解できたことが満足した理由として挙げられていた。一方、最も満足度が低かったのは国際交流（*M*=4.01, *SD*=.88）で、日本人学生の参加が少なかったことや、参加していても日本人学生の発言が少なかったため交流が十分でなかったという意見が挙がった。また、今後の国際交流会への参加意欲（*M*=4.36, *SD*=.81）については高いことがわかった。

3.4　参加学生に対する調査結果の分析と考察

　続いて、国際交流会に参加した学生の調査結果を見ていく。表5-3によれば、参加学生はプログラム内容（*M*=4.82, *SD*=.39）、国際交流（*M*=4.68, *SD*=.83）、異文化理解（*M*=4.74, *SD*=.55）のすべてに対し高い満足度を持っていたことがわかった。また、今後の国際交流会への参加意欲（*M*=4.63, *SD*=.81）も高いという結果だった。満足した理由として、自由記述では「（中国国内の食文化について）中国人として初めて知ることもあり、よかった（中国）」「いろんな国の人とコミュニケーションがとれてよかった（日本）」という意見が挙げられた。また、外国語である日本語で交流会をコーディネートする留学生に対し、「日本語を頑張っていたので見ていて楽しかった。皆、本当にすごいことだと思う（日本）」という意見も挙げられた。ここから、参加学生は、国際交流会で言葉や文化に加え、キャンパス内の留学生の存在に気づき、理解を深めていたことがうかがえる。

3.5　考察「内なる国際化」に向けて

　企画留学生と参加学生を対象にしたアンケート結果を考察したところ、双方の学生が国際交流会のプログラム内容に満足し、異文化理解を深めていたことが明らかになった。とくに興味深い点は、企画留学生と参加学生の、双方の中国語圏の留学生にとって、この交流会が自国の地方の名物や観光地、言語など自文化について知る機会になっていた点である。同じ中

国語圏出身であっても、大学にはさまざまな地域から留学に来ている。出身地とは違う学生との交流が自文化の多様性に気づくきっかけになっていたようである。また、日本人学生にとっては、留学生の日本語の流暢さや課題に真摯に取り組む姿勢に触れ、留学生への関心が高まったようである。この交流会をきっかけにして、学内であいさつをしたり、話をしたりするなど友人関係へと発展することが期待できるだろう。

　一方、今回の国際交流会は日本人学生の参加が少なく国際交流という点では課題が残るものであった。参加者の募集は学内の電子掲示板をつかい告知したものの効果はあまりなく、参加した日本人学生のほとんどが企画留学生の友だちやゼミ仲間、教職員が個別に声をかけた学生であった。参加者の募集は企画留学生の友人ネットワークに頼らざるをえないという課題がここで顕在化した。このことから、参加学生が語学や国際交流に関心を持つある一定の学生層に限定されていたともいえるだろう。

　「内なる国際化」が進む社会で日本の大学に求められるのは、国際交流に興味のある学生というよりもむしろ興味のない学生をどのように育成するか検討していくことではないだろうか。今後、大学が取り組むべきことは、留学生と日本人学生とが協働で学ぶ場を授業やプロジェクトとして正課内活動に取り入れ、幅広い学生に異文化コミュニケーションの機会を提供していくことだと考えられる。

4.〈事例2〉愛知淑徳大学：正課外活動[4]

4.1　「地球市民」育成のための異文化コミュニケーション教育

　愛知淑徳大学グローバル・コミュニケーション学部の正課外活動について報告する。

　この正課外活動の教育効果を論じるにあたり、本件ではプログラム評価の手順を用いた[5]。評価の対象としたプログラムは、本学の学習支援体制拡充の一環で行われた介入研究「学生主導企画」の一企画である。学生主

導企画は原則として学生自身に学習ニーズを見極めてもらい、それを学生が自らの手で解決するという、学士力でいうところの汎用的技能[6]の向上にねらいがある（平田 2019）。学生がそれまでに教育機関、あるいは地域で学んだ知識や体験を有機的に活用して、集団としてよりよい学生生活を送るために活動する過程を観察し、その教育効果を検証した。本節ではそのなかでも日本人学生9名と留学生3名で20XX年春学期に行われた企画について記す。

　上記のように、学生主導企画は文字どおり学生が主導することにその意義がある。しかし、本企画に関しては、学部にとって留学生の受け入れ経験が浅いこと、該当期に受け入れる留学生が半期しか在学しないこと、企画そのものが試験的運用であることなどを踏まえ、評価者が「留学生と学部の日本人学生の架け橋となるような企画を立案してみよう」という大枠の方向性を示すことで、課題発見の視座を異文化コミュニケーション教育に限定して参加者を募った。

　また、プログラム評価は本来、企画立案時に細かな目標を立てる（安田ほか 2008）。ところが本件は、学生の「気づき（課題発見能力）」を重視し、さらに評価者の目が届きづらいインフォーマル学習を採用したこともあったため、それを企画の経過とともに定めていく運びとなった[7]。

4.2　参加学生、評価に使用したデータおよび同意

　日本人学生9名と留学生3名（出身国は欧州、オセアニア、アメリカ）が3対1でグループを組み、学部の学習支援企画の一環として「留学生企画」に取り組んだ（以下、企画日本人学生、企画留学生あるいは両者をまとめて企画学生と記す）。企画学生が実施した本学部のニーズを検討する段階における形成的評価や、計画を絞り込んだ後のプロセス評価および計画修正時の形成的評価は、筆者が教育者として彼らとともに企画実現のために使用するほか、評価者として彼らの学びを測るために用いた。そのほかに用いたものは、企画日本人学生との面談、LINE（SNS）やＥメール、議事録である。

企画学生が使用したアウトカム評価は、対象者の参加人数であった。企画学生による総括的評価は行われていない。筆者による総括的評価には、上記データに加え、企画日本人学生の報告書兼自己評価と企画留学生のインタビュー内容、企画実施日の観察を用いた。すべての記録や面談に関して研究・教育目的で使用することに対する説明と同意を得る手順を踏んだ。

4.3　結果と評価

　筆者による形成的評価は当初、議事録を主とする予定であったが、企画日本人学生からの相談が想定以上に頻繁にあり、結果的に緊密なフィードバックを行うことができたため、それも含むこととした。対する総括的評価は予定どおり行われた。

　各企画留学生が発表者となり、プレゼンテーションが20XX年5月に開催された。欧州出身者のグループは自国の紹介を、オセアニア出身者のグループは当人の半生を変化・挑戦（change, chance）という視点から紹介し、アメリカ出身者のグループは当人の高校時代の努力と、第二次世界大戦時のアメリカにおける日本に対するプロパガンダと本国における言論の自由というテーマについて発表した（写真5 - 3）。それぞれのテーマは各グループに一任し、グループ内の合意が得られることを条件に教員が実施の許可を出した。

　実施後、収集されたデータを分析すると、企画日本人学生たちはさまざまな企画を構想していたものの、結果的に実現したのが一つであったことにやや不満があったことがわかった。しかし実現した企画で聴衆が「予想以上に集まった」（「 」内は振り返りセッションより原文ママ）ことや、関心を持って聞き入る姿に実施の手ごたえを感じたと結論づけた。また、「ただプレゼンをやるだけなのに」関連各所との連携や時間管理、広報活動やプレゼンターへの確認事項など予想以上の忙しさに、企画数を限定したことが結果的によかったと述べている。

写真5−3　オセアニア出身者によるプレゼンテーションの様子

　企画日本人学生と企画留学生に次年度以降の学生へ向けたアドバイスや反省点について尋ねたところ、留学が決まった早い段階でのペアリングの希望が両者から出た。具体的には、来日前からインターネットなどを通して対話の場を設けてほしいとのことであった。しかし、企画留学生の希望する対話には企画日本人学生の企画運用能力の向上が含まれており、対する企画日本人学生のそれには企画留学生による事前情報開示、つまり情報の独占をやめ共有する、という歩み寄りを意味していた点で認識に齟齬があった。

　以上のことを踏まえ、とくに企画日本人学生が習得した能力に着目すると表5−4のようになる。企画運営能力では「報告・連絡・相談」ができており、教員と連携をとりつつ自分たちで企画を動かす姿が反映されている。そのほか、タイムマネジメントや会場の設営なども滞りなく役割分担ができていた。それが正課外というインフォーマル学習の環境でも発揮されたという点も好意的に評価できる。対する異文化間でのコミュニケーションには課題が残った。とくに自分たちの構想を企画留学生たちと共有し実現へ向けて動こうとしなかった点が低い評価に表れている。しかし、企画日本人学生たちからは、この企画だけではなく他の授業

表5－4　企画日本人学生に焦点を当てたときの「成長」

企画運営能力	・タイムマネジメント	○
	・会場の設営など	○
	・広報活動、広報の手順、コピーライトのこと	○
	・報連相の理解と実践	○
	・お礼状を書くなどの礼節	○
異文化間の コミュニケーション	・言語学習、習得した言語の活用	○
	・協働企画参加の交渉する	○
	・異文化間で対話を重ね状況を共有すること	△
	・誤解・認識の差を埋めること	△
	・Interconnectedness（長い付き合いの始まり）	○
インフォーマル学習	・自主的な目標の設定とその調整	○
	・資源（教員＝人的資源、教室）の活用	○

○＝成長が観察できたと評価した項目　△＝課題が残ると評価した項目

や企画留学生の帰国後も引き続き交流を深めている姿が確認されており、「interconnectedness（長い付き合いの始まり）」となる予感がするのは肯定的に評価できよう。

4.4　考察：「内なる国際化」に向けて

「内なる国際化」は、ただいろいろな背景を持つ人と話せばよいというわけではない。対話を通じて互いの違いを尊重し、多様性を認め、その交流のなかで生まれる離齬を解決する術を見出す過程が重要となる。その過程は自身を客観視し相対化することも意味する。それらもろもろの「気づき」を与えてこそコミュニケーション教育といえよう。

本企画は参加学生の満足度の面で「成功」したが、教育として見たときに、はたしてどの程度互いに踏み込めるような場を提供できたであろうかと、評価者として疑問が残る。語学の壁は高く、その場のダイナミクスは英語が堪能な者に支配されざるをえなかった。それは必然的に留学生に利があることを示しており、日本人学生たちは多くの小さな疑問や不満に蓋をすることで企画を成功させるという目標に向かって走った。対する留学

生は、企画準備、発表のどちらにおいても「教える側」としての立場を当たり前のように考えた。これらを鑑みるとcollaborative work（目的に向かって自身の持つ能力を持ち合う協働作業）ではあったが、cooperative（協同）であったとはいいがたい。本企画を通して、「内なる国際化」は、日本人学生もだが、留学してくる学生にも必要な感覚であり、教育の機会が保障されるべきであろう。

　最後に、正課外活動として見たときに、現場を監督する教員の負担はそれほど大きくない。その意味で、この形態の活動は実現・持続ともに可能であると結論づけられる。

5.〈事例3〉愛知淑徳大学：正課内活動

5.1　気づきのための出発前研修

　愛知淑徳大学グローバル・コミュニケーション学部の正課内活動について報告する。

　まず授業の位置づけと授業計画を説明する。2年次の必修科目「Intercultural Training」は、本学部の卒業要件である6〜8週間の語学留学の出発前研修として配置されている。複数の国と地域が派遣先となっていることから、特定の国や文化を対象とするのではなく、文化が認識や行動に与える影響や、それらに対する気づきと振り返りを学びの中心とする文化普遍型（culture general）の研修を目標に設定している（末田ほか2003）。授業の目的は、研修中に遭遇するであろう異文化体験に対し、自文化中心主義（ethnocentrism）に陥らず、自らの視線や価値判断が自らの背景の産物であることを認識し、相手の解釈や判断と相対化できるよう鍛錬し、異文化コミュニケーションの基本概念を学修[8]することにある。異なる文化やその背景について理解し、共感できる範囲を広げることは、本学部の理念である地球市民の育成につながる。

　授業は、8週間にわたり週1回、90分授業が2コマ連続で開講される。

表5−5 「Intercultural Training」授業計画

授業	内容
第1週	ガイダンス、文化・コミュニケーション、偏見、自民族優越主義
第2週	疑似体験：カルチャーショック
第3週	価値志向・世界観
第4週	言語と文化とコミュニケーション
第5週	非言語と文化とコミュニケーション
第6週	異文化協働、サードカルチャービルディング
第7〜8週	学期のまとめ、グループ発表

　表5−5は、授業計画である。文化、コミュニケーション、カルチャーショックなどの基礎的な概念を学修した後に、グループ発表を最終課題として設けている。語学留学に出かける自分たちに参考になるトピックであること、文化とコミュニケーションについて扱うことの二つが課題の条件である。この条件を満たせば、トピックは国内・国外のどちらの事例でもよい。この最終課題の目的は、授業で学修した概念を、身近な事例に援用し、その事例にまつわる課題をさらに考えさせることである。また、グループで準備を行うことにより、日本人同士でも視点や価値観、行動様式が多様であることを学ぶ機会となる。

　教科書には久米昭元・長谷川典子の『ケースで学ぶ異文化コミュニケーション：誤解・失敗・擦れ違い』（有斐閣選書、2007年）を指定している。この書籍は、文化とコミュニケーションにまつわる誤解やもめごとの事例集である（例：留学、駐在、旅行、帰国子女、技能実習生、捕鯨、マスメディアなど）。それぞれの事例では当事者らがどのように状況を解釈したのかについて認識の差が対比され、気づきを促すよう構成されている。発表の回を除くと授業は6週間となり、授業中に紹介できる事例の数に制約がある。よって、毎週2章ずつ授業前に読み終えるようリーディング課題として書籍を課すことで、より多くの事例に学生が触れることができる。学生は、指定された章とその日の授業で学んだことについて、授業終了前15分程

度でコメントを書き提出する。このコメントから学生の気づきを分析する。

5.2 事　例

　まず、第5週と第6週の授業で用いた事例について説明する。語学留学の渡航先が北米であるため、戦争やエスニシティにまつわる人工品の事例を取り上げた。とくに、それらの販売や使用が、非難を受けたり、中止となったりした事例を意図的に選んだ。なぜそれぞれの社会で紛糾したのか、その歴史・社会的経緯に想像力が働くかどうか、自らに当てはめ振り返る機会となるよう事例を選定した。

　第5週の授業では、ナチスに対する歴史と表象の意識を高めるために、非言語・人工品の例としてナチス・ドイツのシンボルを示唆するマークや数字が用いられた国内外の事例を提示した。具体的には、①ガンバ大阪のサポーターが用いたナチス親衛隊の略号に類似した応援旗（毎日新聞 2017）、②ドイツで販売された容器に「18」「88」と印字されたP&Gの洗剤（日本経済新聞 2014）[9]、③アメリカで販売されたヒトラーの顔に見えるデザイナーズケトル（ヤカン）（CNN 2013）である。

　翌週の授業では、振り返りの重要性を伝えるために、被害と加害の記憶を想起させる人工品の事例を取り上げた。具体的には、①アメリカ合衆国の国立原子博物館（The National Museum of Nuclear Science & History）で土産として販売された広島と長崎に投下された原爆をそれぞれかたどったピアス（山中 1999）、②新千歳空港に飾られた「北海道は、開拓者の大地だ」というメッセージ入りの北海道日本ハムファイターズの巨大バナー（朝日新聞デジタル 2015）である。①については、原爆投下にまつわる認識をアジア諸国も含めて紹介し、学生のほとんどが日本人であることから加害・被害についての認識を問いかける機会とした。

5.3 結　果

　上記事例に対する学生のコメントについて報告する。第5週では「考え

すぎである」「オーバーリアクションだ」と約半数の学生が言及していた。そのなかにはバリエーションがあった。①応援旗への「反応はわかる」が、②洗剤・数字と③ケトルについては「考えすぎ」「オーバーリアクションだ」と国内の事例には理解は示すものから、①～③まで「すべて考えすぎ・オーバーリアクションだ」というコメントまであり、海外での歴史にまつわる暗示的な事例には他の社会での受け止め方を理解することが難しいと考えられた。また、「歴史は難しい」と紛糾した事例と、自分とのあいだに距離を設け、その事例そのものではなく、事例にまつわる分野について評論家のまなざしで言及する者も3分の1程度いた。加害の記憶にまつわるコメントには典型的に見られる行動である（Fukumoto 2003）。逆に、1割程度であるが、紛糾に対して理解を示す学生もいた。そのような人工品は「理解できる」「用いてはだめであろう」というものから、「（認識を）理解はできないが、そう考える人がいるのであれば、使用・販売をやめたほうがいい」というコメントまであった。後者は、自らの日常と遠い体験に対して、相手の認識に思いを馳せることができたコメントであるといえる。

　第6週のコメントの結果は、第5週とは異なった。①原爆や②アイヌにまつわる紛糾した例に対し、「考えすぎ・オーバーリアクションだ」と書いた学生は1名に減った。また、第5週と第6週の例を比較し、6回目の授業で考えた内容を対比させ、自らの捉え方を振り返る作業ができる学生も一桁ではあるがいた。ただし、授業中に提示した他の事例に目を向ける学生が半分程度いた。加害の記憶が想起される事例にはコメントを避ける心理的な作用が働いた可能性も否めない。週をまたいで振り返りをさせるためには、振り返りの範囲を限定した指示を出す必要もあることがわかった。

5.4　「内なる国際化」についての考察

　事前研修のコメントから、異文化に対する理解やまなざしについていえ

ることは、心理的・地理的距離が遠い事例は、自らの体験や立場に置き換えることが難しい学生が多いということである。なぜ相手がそのような反応を示すのか、その反応に対して、歴史や文化的背景を超えて理解と想像力を働かせることは、接点や知識のない社会や事例に対しては難しい。また、個人として対象に向き合うことを避け、分析者や評論家としてのまなざしで事例と対峙することもある。しかし、これまで学修したことのある身近な事例と対比させ、自らのまなざしを学生自身が問い直す機会を与えることは、教員として授業内でできる。自他の認識のずれを受け止め、そのずれをどうコミュニケーション行動で埋めていくのか考え行動を起こすことは、異文化体験が国内であれ、海外であれ重要である。このような振り返りの機会をより授業内で提供する必要がある。

6. まとめ

　本章では、三つの正課内外における異文化理解に関連した活動から、学生の異文化コミュニケーション実践、そして「内なる国際化」に対する考察を進めてきた。異文化コミュニケーションを他者との関係性における「気づき」の場としてそれぞれの取り組みを見ると、「言語の権力性」と「学習目的」という点が重要であるといえるだろう。

　「言語の権力性」、すなわち母語話者の優位性は、事例1と事例2に見て取ることができる。事例1では、日本に日本語を学びに来ている留学生と「日本語」で交流を進めるという文脈において、日本人学生は「日本語を頑張っていた」という母語話者側のまなざしから交流を振り返り、評価することができた。一方で事例2の場合には、同じ日本に来ている留学生との交流にもかかわらず、英語圏からの学生に対して「英語」で日本人学生が企画運営、交流をしていくうえで、場の雰囲気やダイナミクスが「英語が堪能な者に支配」されざるをえなかった現実がうかがえる。

　このような異文化交流プロジェクトへの参加者が生み出すグループ内の

127

力学は、偶発性がきわめて高く、教育者が対応できる範疇を超えることはしばしばある。同時に、異なる背景を持つ他者との交流を主眼にすればこそ、ある特定の言語が交流言語となり、その言語の母語話者が優位に立つことはある程度避けることができないのが現実であろう。

　教育の場における異文化交流、そして今後の異文化コミュニケーションとは、このような「言語の権力性」に対して学生が「気づき」、そのうえで、相手によってコミュニケーションを調整できるようにすることではないだろうか。たとえば、日本語を学ぶ留学生に接する「日本語母語話者」としての自分ならば、「やさしい日本語」をつかいながら「日本語非母語話者」との意思疎通を行うことなどが挙げられる。一方、英語で交流する留学生に対して「非英語母語話者」として接する際には、英語の文法や発音の正確さだけにとらわれることなく、交流の目的を忘れずに協働のためのコミュニケーションに臨む必要がある。自分の言語的背景、そして使用言語によって生じる権力関係に気づくことは、国外だけではなく、「内なる国際化」の進む日本における異文化コミュニケーションにも大きな教育的示唆を持つものであろう。

　「学習目的」も異文化コミュニケーションに対して大きな影響を及ぼす。たとえば、事例1にも見られたように、正課外での交流企画には、往々にして参加者数が見込めない不安定な状況が生まれる。限られた時間のなかで学生も意識的、無意識的にかかわらず、きわめて戦略的に自分の時間と労力を分配しようとするのは仕方のないことだからだ。事例3のように事前学習として異文化を学ぶ際には、すでに異文化理解の「先」の目標があるため、ある程度学生の学びの姿勢や、気づきの生まれやすさもあるだろう。しかし、事例2のように、教員が積極的に介入をしない正課外活動は、学習目的が統一しづらい。異なる文化的背景を持つ者同士の協働に貢献するという目的意識は個々の学生にあるものの、その活動には異文化間特有の齟齬や葛藤が発生すること、そしてその解消に取り組むことは価値のある学習活動であるということを正課内ほど指導する機会はない。

　また、協働の難しさは受け入れ側の日本人学生の「責任」という一方的なものではなく、「留学生」として日本で異文化理解に臨む側の動機や姿勢も影響するのである。そして現実に照らし合わせれば、これらをすべてコントロールすることは難しい。だからこそ、このような学習は参与者のさまざまな立場、動機、目的などから多面的に捉える必要があるのである。

　異文化理解とは、権力関係が存在し、中立的で客観的なものばかりではない。そして、それは異文化コミュニケーションも同様である。高等教育機関に求められているのは、学生が協働学習を通じ、言葉や文化の権力関係の存在を踏まえたうえで異文化交流に臨むことができる感性を育み、さまざまな「気づき」が生まれる機会を模索し続けることであろう。文化交流を主眼とした異文化教育であれ、外国語学習を目的とした言語教育であれ、短期的なプロジェクトに限界があるのは仕方のないことだ。学生にとっても、教員にとっても時間や労力は有限なのである。であるならば、この先の「内なる国際化」を生きていく学生の長期的なプロセスには、本論で論じてきた「気づき」から始まる内省こそ、異文化コミュニケーションからの重要な学びとなるはずだ。それこそが異文化コミュニケーションを学ぶ意義だといえるだろう。

■ **注記**

(1) 協働あるいは協調（collaborative）と協同（cooperative）の二分法の課題についての議論は福嶋（2018）を参照のこと。

(2) 経済協力開発機構（OECD）の最新の統計によると、日本への外国人移住者は、ここ5年で12万人増加し、2015年には39万人（OECD諸国では第4位）であった（西日本新聞 2018）。これら移住者は「有効なビザを保有し、90日以上在留予定の外国人」という定義で集計されている。

(3) 学部留学生は日本の大学に4年間、協定留学生は半年または1年間在籍する。

(4) 本研究は愛知淑徳大学平成29年度・平成30年度特別研究教育助成の支援を受けて実施された。

(5) プログラム評価については、安田ほか（2008）を参照のこと。

(6) ジェネリックスキルとも表現される。詳しくは中央教育審議会（2008）を参照のこと。

(7) 本稿はインフォーマルとノンフォーマルを区別せず、正規カリキュラムの外にあるものとしてまとめて表現している。

(8) 大学設置基準に基づき大学での学びを「学修」と表記するという答申が中央教育審議会から提出されている（中央教育審議会 2012）。本節では、用語の暗記ではなく、アクティブラーニング等を併用しつつ学ぶ科目の報告であることから「学修」と表記してある。

(9) P&G社の新商品が、これまでの洗剤より18回多く合計88回洗濯できるほど増量されたという広告であった。アルファベットの1番目がA、8番目がHであることから、「18」は 'Adolf Hitler' を指し、「88」は 'Heil Hitler（ヒトラー万歳）' を暗示するとの指摘があり、ドイツで新商品の販売が中止になった例が報道された（日本経済新聞 2014）。

■引用・参考文献

朝日新聞デジタル（2015）.「日本ハム球団広告にアイヌ協会『人権への配慮ない』」（11月9日）. https://www.asahi.com/articles/ASHC92V8FHC9IIPE004.html（2019年5月2日閲覧）

池田理知子・塙幸枝（編）（2019）.『グローバル社会と異文化コミュニケーション：身近な「異」から考える』三修社.

Ohri, R.（オーリ・リチャ）（2016）.「『○○国』を紹介するという表象行為：そこにある『常識』を問う」『言語文化教育研究』14, 55-67.

河合優子（編）（2016）.『交錯する多文化社会：異文化コミュニケーションを捉え直す』ナカニシヤ出版.

久米昭元（2011）.「異文化コミュニケーション研究の歩みと展望：個人的体験と回想を中心に」鳥飼玖美子・平賀正子・野田研一・小山亘（編）『異文化コミュニケーション学への招待』（pp. 47-69）みすず書房.

CNN（2013）.「ヒトラー似の『やかん』？　話題沸騰で品切れに」（5月31日）. https://www.cnn.co.jp/business/35032783.html（2019年5月2日閲覧）

末田清子・福田浩子（2003）.『コミュニケーション学：その展望と視点』松柏社.

中央教育審議会（2008）.「学士課程教育の構築に向けて（答申）」. http://www.mext.

go.jp/component/b_menu/shingi/toushin/__icsFiles/afieldfile/2008/12/26/1217067_001.pdf（2019年5月3日閲覧）

中央教育審議会（2012）.「新たな未来を築くための大学教育の質的転換に向けて：生涯学び続け，主体的に考える力を育成する大学へ」. http://www.mext.go.jp/component/b_menu/shingi/toushin/__icsFiles/afieldfile/2012/10/04/1325048_1.pdf（2019年5月18日閲覧）

西日本新聞（2018）.「『移民流入』日本4位に15年39万人，5年で12万人増」（5月30日）. https://www.nishinippon.co.jp/feature/new_immigration_age/article/420486/（2019年5月7日閲覧）

日本経済新聞（2014）.「『数字でヒトラー礼賛』と指摘　P&Gの洗剤，独で販売停止に」（5月12日）. https://www.nikkei.com/article/DGXNASDG1200G_S4A510C1CR0000/（2019年3月18日閲覧）

日本政府観光局（2019）.「訪日外客数（2019年3月推計値）」（1月16日）. https://www.jnto.go.jp/jpn/news/press_releases/pdf/190116_monthly.pdf（2019年4月20日閲覧）

初瀬龍平（編）（1988）.『内なる国際化』三嶺書房.

平田亜紀（2019）.「GLOCOMにおける学生主導企画の継続に関わる評価：汎用的技能と課題発見・解決能力を育む場として学部内でインフォーマル学習を提供する試み」『愛知淑徳大学論集　グローバル・コミュニケーション学部篇』3, 37-46.

福嶋祐貴（2018）.「協働的な学習に関する類型論の到達点と課題：協同学習・協働学習に基づく実践の焦点化と評価のために」『京都大学大学院教育学研究科紀要』64, 387-399.

藤原康弘・仲潔・寺沢拓敬（2017）.『これからの英語教育の話をしよう』ひつじ書房.

法務省（2020）.「令和元年末現在における在留外国人数について」. http://www.moj.go.jp/nyuukokukanri/kouhou/nyuukokukanri04_00003.html（2020年3月27日閲覧）

毎日新聞（2017）.「人種差別『ナチス』旗でJ1応援　痛み想像する力の欠如」（8月18日）. https://mainichi.jp/articles/20170818/k00/00m/040/148000c（2019年5月2日閲覧）

溝上慎一（2014）.『アクティブラーニングと教授学習パラダイムの転換』東信堂.

安田節之・渡辺直登（2008）.『プログラム評価研究の方法』（臨床心理学研究法第7巻）新曜社.

安永悟（2015）.「協同による活動性の高い授業づくり：深い変化成長を実感できる授業をめざして」松下佳代・京都大学高等教育研究開発推進センター（編著）『ディープ・アクティブラーニング：大学授業を深化させるために』（pp. 113-139）勁草書房.

山中季広（1999）．「原爆ピアス，一転『販売中止』米博物館『懸念の声』多く」（8月7日）朝日新聞夕刊, p. 18.

Fukumoto, A. (2003). Transforming conflicts over memories into constructive dialogues: Exploring Japanese communication, national identities, and collective memories about World War II. UMI Dissertation Services, 3112374. ProQuest.

第6章

日本語が国際言語になることの影響

第二言語またはリンガフランカとして

ハートムット・ハバーランド

1. 世界の言語秩序と日本語の位置

　オランダの社会言語学者 Abram de Swaan の著書『世界の言葉（*Words of the world: The global language system*）』は、2001 年に出版されて以来好評を博し、現在も重版され続けている。第一に de Swaan は、英語言語支配と闘うためには誰もが自分の望む言語で自分自身を表現する権利を与えられるのでは十分でなく、「悲しいかな重要なことは、人が話したい言語を話す権利があることではなく、他のすべての人が話された言語を無視する自由があることだ」（2001: 52）という合理的な主張をした。ところが彼はここから間違った結論を導き出しているようだ。de Swaan はベルギーの社会学者 Philippe Van Parijs のように、ある言語が意思疎通にどれだけつかえるかについての可能性を中心に考えており、この考え方はその言語でコミュニケーションできる人の数で測られる定量的概念だ。しかし重要なのは、その言語を話す人の数だけではなく、その言語を含めた多言語で話す人の数だ。ある言語の母語話者の数が多くても、ほかの誰もその言語を話さない場合、その言語の伝達可能性は母語話者に限定されてしまう。

　de Swaan は言語の伝達可能性という概念に基づいて世界の言語を階層化している。一番下の階層には彼が周辺言語[1]と呼ぶものがあり、これが世界の言語の約 98% を占めている。次の階層には中心言語があり、そのなかに約 100 の言語が含まれる。二つの異なる周辺言語の話者たちは、原則としてどちらかの言語をつかってコミュニケーションをとることができるが、de Swaan によればこれは稀なケースである。一般的に人々は中心言語の一つを共通語として使用するため、共通語としてつかわれる言語に中心性が与えられる。de Swaan は Heinz Kloss の用語を援用してはいないが、中心言語は完全に、もしくはかなりの *Ausbau*[2] 的な特徴を持つと指摘している。つまり中心言語は初等教育など多くの教育で使用され、ラジオやテレビで話され、物事を文書で記録するために使用されている

(2001: 4f)。

　次の階層は超中心言語であり、日本語もその一つに数えられている。ほかにアラビア語、英語、スペイン語、スワヒリ語、中国語、ドイツ語、ヒンディー語、フランス語、ポルトガル語、マレー語、ロシア語（五十音順）が列挙されている。単なる中心言語と区別されるのは、超中心言語が長距離および国際的な意思疎通の目的を果たしていることだ。超中心言語にはスワヒリ語を除いて1億人以上の話者がいるという共通点があるが、かなり雑多な言語群といえる。これらの言語は旧植民国の言語であることが「非常に多い」とde Swaanは指摘する。いくつかのケースでは独立後もその機能を維持してきたが（2001: 5）、たとえばポルトガル語を見ると、アンゴラ、ブラジル、マカオ、モザンビークなど旧植民地におけるポルトガル語は、現代社会における他言語の地位に匹敵しないことは明らかだ。

　de Swaanは日本語に関してドイツ語とロシア語と一緒に言及しており、「ドイツ語はナチス征服とともに広がり、彼らが敗北するとすぐに後退し、ロシア語は中・東欧諸国に強制され、体制移行後速やかに廃止された」と述べている。同様に日本語は前世紀に満州からニューギニアへと征服拡大の道をたどったが、日本軍の敗北でほとんど完全に消え去った（2001: 11）。彼は1918年までアフリカとアジアにあったドイツ植民地については一言も触れていない。ドイツやロシア（ソビエト連邦）や日本によって植民地化もしくは占領されていた国々のあいだでの、ドイツ語、ロシア語、日本語の地位にも類似性がほとんど見られないことには言及していない。実際、de Swaanが中央アジアにおけるロシア語の地位について述べている箇所には明らかな間違いが見られる。

　超中心言語のなかで一つの言語、つまり英語だけが極中心言語として際立たされている。この極中心言語はde Swaanによる次の仮定に基づいており、それは「もしアラブ人と中国人、ロシア人とスペイン人、あるいは日本人とドイツ人が出会えば、彼らはほぼ確実に一つの同じ言語で理解するようになるだろう。その言語は超中心言語同士を結びつけ、世界の言語

システムの要となっているのだ」となっている。この一つの言語はもちろん英語であり極中心としての地位を得ている。しかしこの仮定が正しいかどうかは明らかとはいいきれない。二つの超中心言語の話者はリンガフランカをつかうことが多く、このリンガフランカの候補として最も可能性が高いのはたしかにおそらく英語だが、実際に二つの超中心言語のバイリンガル話者や二つの中心言語のバイリンガル話者が存在しており、しばしばその関係は非対称である。たとえばドイツ語を話す日本人の数は、日本語を話すドイツ人の数を上回っていると考えて差し支えない。

　de Swaan は以下に続く一文で言語の広がりと領土を結びつけているため、彼の意図がより明確になっている。それは「今日のドイツ語、ロシア語、日本語の使用がそれぞれの国家領土に限られているため、ほとんど超中心言語ではない」(2001: 12) という文だ。筆者はすでに中央アジアにおけるロシア語使用において de Swaan の記述は事実にそぐわないと言及したが、彼自身が「中心」や「超中心」などの造語で認めているように、言語は必ずしも"それらの適切な"領土だけで話されるわけではない。英語に関してはすでに1985年に「英語は北大西洋の伝統的な家から移動し、世界初の真のグローバル言語として非国家的、非地域的、非民族的な独自の地位へと移行しており、月でも話されている」と *English Today* の巻頭論文で言及されている[3]。一方、他の言語も伝統的な母語としての役割を超えて広がっている。

2. 海外の日本語

　言語の広がりを追跡するとき、その言語に関連する領域内と領域外の言語の広がりを区別するのが一般的だ。日本国内での日本語普及は明治維新後に成し遂げられ、アイヌ語や琉球語は事実上周縁化されたが、完全に一掃されたわけではない。一方、日本語が植民地時代の韓国や台湾にまで広がったのは一時的なものにすぎない (Heinrich 2013)[4]。外国人が日本語

を習得できるかどうかに関して日本では懐疑的な見方があるのも事実だ。1920年代の新宗教「大本」が日本的価値観を世界に広めようとしたとき、その目的のために日本語ではなくエスペラントを選んだ（Lins 1976）。

　その一方、日本語を第二言語とする話者は増え続けている。1980年代後半にはCoulmasがすでに「日本語の急増」について言及している（Coulmas 1989）。当時、海外での日本語普及に関して公的な熱意が欠けていたにもかかわらず、日本語学習者の数は大幅に増加していた。しかし、積極的な言語推進政策だけが、言語が新しい学習者を獲得できる唯一の方法ではない（Ammon 2007）。日本語第二言語話者が増加した他の要因としては、ポルトガル語を第一言語とする日系人のブラジルからの再移住（Hirataka 2001）、移民の増加（Ostheider 2009, 2012）、日本から母国への外国人の帰国（Otsuji et al. 2010）、国境を越えた学生移動（ハバーランド 2011; Ikeda et al. 2013）などが挙げられる。植民地時代の過去があるにもかかわらず、韓国でさえも日本語は第二言語としてますます人気が高まっている。

　たしかに、これらは英語話者が世界的に急増していることとは比べものにならない。したがって「海外で、科学やビジネスの国際語としての日本語の役割は非常に限られている」（2001: 12）とのde Swaanによる主張は正しい。しかし、非常に「限られていること」と、「無視できる」または「まったく存在しないこと」は同じではない。最も強大な流れを認めても、小さいけれども重要な流れを無視していいわけではない。日本国内外での国境を越えたコミュニケーションにおける日本語の役割の認識と、グローバル言語の枠組みにおいて日本語の役割が実際にどのように展開しているかは、まったく別の問題だ。海外では日本語はまだ少数の人々が学ぶ「エキゾチックな」外国語と考えられており、学校の公式カリキュラムの隙間に少しだけ存在しているにすぎない。

　Ostheiderによれば、日本国内では国が「単一言語国家とみなされ、日本語は日本人だけの言語である一方、他の言語は『外国語』とみなされ、

英語は世界中で理解されている全人類にとって不可欠な言葉と信じられている」（Ostheider 2012: 109）。日本で外国人とのコミュニケーションにつかわれる言語は英語ではなく日本語であるため、Ostheiderは英語に関する言説が事実と異なった支配的なイデオロギーだと指摘している（Ostheider 2009）。

3. オーナーシップ対ネイティブスピーカー主義

　言語オーナーシップに関連して私たちが英語で経験したような、日本人による「所有権論」が存在しないことは興味深い（Haberland 2011）。

　Braj Kachru（1985）は英語の広がりに関して「規範提供国」「規範発展国」「規範依存国」という三つの地域に区別した。これらの用語は今では「内心円」「外周円」「拡張円」という、より一般的ではあるがあまり分析的でない概念によって取って代わられており、最初に定義された方法や、地域ではなく規範との関連性が失われている。日本語に関しては、規範を提供する地域（日本）と規範が発達する地域（植民地）との違いは重要ではなかったといえる。日本の植民地主義は「世界の諸日本語」の変種を生み出すには短かすぎたが、イギリスの植民地主義は、彼ら自身が規範を要求する「世界の諸英語」を生み出すのに十分なほど長く続いた（Hu 2004; He et al. 2009; Li 2016）。

　そのため、第二言語として話されたり、リンガフランカとしてつかわれたりする日本語は、定義上、拡張円における英語のようにほとんど規範に依存するものであり、学習者にモデルを提供できるのは日本の母語話者だけだと暗黙のうちに認められている。もちろん、日本には多様性があり方言もあるという事実は都合よく無視されている。

　規範依存性は、当たり前だが規範に関する概念だ。許容できるものと許容できないものを区別するために使用される。学習者のつかう言語は与えられた規範からの音声学的、形態学的、および統語学的な逸脱に満ちてい

る可能性があり、したがって完全で正式に認知された言語には及ばないと考えられる。

　しかし実際の言語使用においては、現実的な側面、Leech（1983: 11）による区別のほうがより有用だろう。すなわち、コミュニケーション活動を行うのに必要な言語資源と、これら資源の使用を管理する規則・制限の差異だ。第二言語話者は言語の言語語用資源を習得すると、母語話者が使用するのと異なる方法でこれら言語資源を戦略的に使用することができる。先行文献の資料から判断すると、日本語の第二言語話者の増加に伴い、ますます多くのリンガフランカとしての使用、母語話者と第二言語話者間の言語使用が出現している。このことにより、日本語の語用論的資源（とくに敬語の体系）において新たな戦略的使用が生まれている。それらは日本語母語話者の通常の発話とは異なっているものである。

　以下は、二人の日本語第二言語話者による日本語リンガフランカ会話の抜粋だ。Hはベトナム出身者、Jは香港出身者である。

(1)　　　　　　　　　　　　　※左端の数字は行数。

　　H＝from Vietnam, J＝from Hong Kong

1　H　　tabun ato min ⌈na yoku ⌉

2　J　　　　　　　　　⌊doram- ⌋ dorama wa

3　H　　kitto soo

4　J　　yuu fuu ni: ((☺))

5　H　　soo soo soo. ⌈ tabun

6　J　　　　　　　⌊ okonai**masu** kedo ((☺))

7　　　　hh genjitsu wa kannoo deki**masu**=

8　　　　=kanoo**ka na** .. hehe

9　H　　ºtabuºº

10　J　　hehe kanoo**ka na** ... hh

　　　　　　　　　　　　　　　　　　（Ikeda et al. 2013: 48）

まず疑問となるのは、彼らがなぜ日本語をつかうかだ。どちらの話者も第一言語を共有しているわけではないが、日本語ではなく他の言語を選択することができる。彼らの言語選択は彼らの複数の社会的アイデンティティに関係しているのだろう。彼らの国籍、英語や中国語（普通語）などの話者としての役割、そして言語学習者としての役割だ。IkedaとBysouthは、日本語をリンガフランカとして選択するには、学習者としての役割と国際的仲間の一員になりたいという願望の両方が重要だと考えている（Ikeda et al. 2013: 44）。あえていえば、日本語を話すことで彼らは留学生としての個々の役割を主張している。

　デンマークにおける研究（Hazel et al. 2013）によると、たとえ言語資源に限りがあろうと、国際プログラムに参加しているデンマーク人学生は、しばしば英語を話すことで留学生としての役割を主張し、国境を越えて移動する学生たちはデンマーク語に切り替えることで、彼らの言語学上の資源がどれだけ限られているかにかかわらず「国際的であること」を実践する。日本でも同じような仕組みが働いているのかもしれない。国境を越えて移動する学生は日本語をつかって留学生であることを主張するが、日本人学生にとっては、この機能はむしろ英語を選ぶことに関係しているのかもしれない。

　しかし、実際にはもっと多くのことが行われているようだ。IkedaとBysouthは、7行目と8行目のあいだにある丁寧形から普通形への移行を指摘している。この移行は母語話者には珍しい方法で行われており、母語話者規範に従っていない。しかし、この「逸脱した」丁寧形と普通形のつかい方は創造的だ。ここで、香港出身者は丁寧形を人間関係から選択しているのではなく、8行目のサイドシークエンス(5)を導入するためにつかっている（10行目で再び現れる）。この発話は発話者がさまざまなレベルの丁寧さという言語の実用的資源を規範的に把握しているだけでなく、これらの資源をサイドシークエンスの導入という規範に挑戦的な方法で戦略的に使用していることを示している。

　別の例では、オーストラリアとトルコの複雑なバックグラウンドを持ち、日本語の第二言語話者であるOsmanと、シドニーにいる彼の日本人雇用主のRieとの会話がある。

（2）　　　　　　　　　　　　　　　　　　　　※左端の数字は行数。

　　O＝Osman, R＝理恵

1　O　　どうりえちゃんこの曲？

2　R　　ん？あんたきのうも聞かなかった？

3　O　　え？

4　R　　昨日も聞いたでしょ？

5　O　　昨日ちがう曲じゃん。

6　R　　うそ。

7　O　　ん、記憶良くないね、君。

　　　　…

8　O　　りえちゃんは君って呼んだらすごくおこるからさ。

　　　　　　　　　　　　　　　　　　　　（Otsuji et al. 2010: 250）

　これはリンガフランカの会話ではなく、第二言語話者が母語話者に対して日本語をつかっている場面だ。ここでも彼らがなぜ日本語を話すのかが問題となるが、Osmanが日本語をつかうことよりも、なぜトルコ語や英語を使わないのかが問題となる（後者は二人にとって利用可能な選択肢だ）。Osmanは日本語で自己表現することで、自立した個人としてのアイデンティティを表明していると考えられる。ここで彼は丁寧さの度合いだけでなく、ある種の仲間言葉に通じていることを見せている。その意味で、Geoffrey Leechがいう「コミュニケーション活動を行うのに必要な言語資源」に彼が精通していることを示している。その際に、彼はこれら言語資源を統べる規則や抑制の知識を用いて、それに単に従うのではなく、わざと破っている。つまりマナーや接し方、そしてわきまえ（Ide 2012）の規

則を誇示しているのだ。7行目では、英語の「you」の通常の訳語ではなく「君」というきわめて有標的な単語をつかっている。彼は丁寧に話すことを知らないのではなく、そうならないように戦略的に努力している。

オスマンの日本語は、自分のアイデンティティの問題に取り組むために、複数ある言語間の関係性のなかで生まれてきた特性（アフォーダンス）を示しているにすぎない。

筆者は、日本人が外国人とのコミュニケーションのために、また外国人が日本人とのコミュニケーションのために日本語をつかうようになるように、日本語が変わったり、さまざまな変種やレジスター（言語使用域）が開発されることを提案しているのではない。第一にそれは母語話者と非母語話者の両方が話す日本語の多様化につながっていくにすぎないだろう。興味深いことに、ここで問題となっているのは第二言語話者の習熟度ではないし、形態論的および統語学的能力は問題になっていない。新しいのは彼らの社会語用論的能力であり、とくに敬語を母語話者にはない独創的な方法でつかっていることだ。

4．日本のグローバル化論

日本は独特であり、日本語は日本だけに属していて他の場所にはないという伝統的な考えがあるが、このような考えには外国人だけでなく日本人からも異論が出ている（後者のほうが興味深い）。Nakane らによれば「近代的な国際化論は、現在のグローバリゼーションの時代において、抵抗され、否定され、強化され、再生産されてきた」（Nakane et al. 2015: 191）。しかし状況は変わりつつあり、「日本と日本語の概念が単一言語と単一文化の考え方」（Nakane et al. 2015: 192）に限定されなくなれば、日本語は他の言語と異ならないという意味で「普通の」言語となる。ドイツ語やロシア語と同じように、日本語は植民地時代の過去が永続的な遺産を残さなかったがゆえに超中心的言語ではない、という de Swaan の見解は驚くほど無

知であり、日本語が国内外で専門家や少数のエリートだけでなく広く学ばれて教えられているという現在の事実、そして時に日本語母語話者がいなくてもさまざまな理由で第二言語話者が日本語を使用しているという事実に反している（Otsuji et al. 2010: 240-241）。

　日本が単一言語国家であるというイデオロギーの鏡像は、外の世界も英語だけの単一言語であるというイデオロギーであるが、これも同様に崩壊しつつある。三木谷浩史氏が喧伝した「英語化」でさえ、国際的に活動する日本企業の慣行から判断すると、その過程で多言語に関わる弱点が浮かび上がっている。筆者は2013年、東京で日本のグローバル企業で働く翻訳者にインタビューしたが、彼女は実際の英語化は他の言語もつかうことだと強調した。モスクワの地域本部で日本の在庫リストを扱うことができないとき、英語は役に立たずロシア語をつかうことになる。ここで言及された言語は、当該会社が2013年に営業していた国々の言語であった（スカンジナビア諸国の言語には言及されなかったが、その理由として当該会社がその地域で営業をしてなかったことや英語の熟達度が高いことが挙げられるかもしれない[6]）。

（3）　　　　※（ ）内の数値は秒数であり会話におけるためらいの間を示す。

INF:　but this company conduct a convention in which they
　　　invite all of the store managers from the world and that's
　　　biannually and eh [a translation company] is responsible
　　　for providing (0.5) translation services for Russian (0.6)
　　　Chinese (0.7) Korean (0.4) French (1.1) English (0.8) and
　　　Thai (0.6)
　　　[...]

INF:　so they obviously have a demand for English speakers
　　　and I mean (0.5) bilingual speakers

INT:　yeah bilingual speakers so it's not English speakers from abroad

INF:　　but [more biling:]

INT:　　　　[but Japanese] English speakers

INF:　　Japanese English speakers or non-Japanese (0.6) who
　　　　can speak more than two languages (0.4)

（Haberland 2019: 31）

　このように海外での外国人とのコミュニケーションに関していえば、「英語化」でさえさまざまな言語の使用が含まれてくる。一方、日本では外国人とのコミュニケーションが英語ではなく日本語で行われることが多い。以上より、日本語は日本人同士のコミュニケーションのためであり、英語は国内外で外国人とコミュニケーションするためである、という上記のようなイデオロギー的な立場は、日本からも海外からも問題視されている。

　2007年には、桂木隆夫が国語と日本語、そして標準語と共通語の差異について提言をした。国語と標準語は統一的であるが排他的な機能を持ち、日本語と共通語は包括的で多様性を尊重する。彼は国語という言葉に関して「この言葉が日本社会に強い影響を与えていることを考えると、この言葉の使用を尊重すべきだが、それは広い意味でのアイデンティティ機能に限られる」と述べている（Katsuragi 2007: 15）。彼は共通語についても興味深い意見を提示しており、標準語は精巧なシステムである一方、共通語は「日本人とともに外国人にも広くつかわれるようになる」と指摘している。現在の国際的な交流に促されて、日本語は、国語と日本語、そして標準語と共通語の概念をすべて含むことによって「効率的で多様性に富んだコミュニケーション」（2007: 16）のための言語となるだろう。

　多言語の世界では、言語がまったく孤立して存在することはできず、日本語といえども特定の集団だけによって独占されることはない。これを理解することは、Ostheiderが「国際化」という言語政策に必要なのは「異

文化コミュニケーションの言語として日本語母語能力を育てる」こと、と
いった意見と一致する（Ostheider 2012: 110）。

■付記
本稿は筆者ハートムット・ハバーランドが提出した英語原稿を青山玲二郎と明石智子
が共訳したものである。また筆者は大辺理恵氏からいただいたアドバイスに感謝を表
したい。

■注記
(1) 英語ではそれぞれ周辺言語peripheral language、中心言語central language、超中
　　心言語supercentral language、極中心言語hypercentral languageとなる。
(2) *Ausbau*とは社会言語学の概念で、政治的に国家の国語として教えられており、文
　　化的に書籍市場、辞書、報道機関、マスメディア、劇場に支えられている話し言葉
　　と書き言葉が整っている標準的言語を指す。
(3) この箇所はPhillipson et al.（1985: 167）で引用されており、参照した。
(4) 安田敏明が指摘するように、1940年ごろに石黒修や松宮一也によって日本語／国
　　語の世界進出もしくは世界化という言葉がつかい始められている（Yasuda 2005）。
　　とくに世界化という言葉は現代的な響きを備えており興味深い。
(5) サイドシークエンスは会話の主要な流れではなく、脇道から挿入が行われること
　　を指す。とくに疑問を呈したり、付け加えたり、訂正したり、正確を期すために聞
　　き返すときなどにつかわれる。
(6) アイスランド、ノルウェー、スウェーデン、デンマーク、フィンランドなど北欧
　　諸国での英語習熟度の高さも一つの神話といえる。インタビューで「コペンハーゲ
　　ンではタクシー運転手でさえ英語を話した」という意見が出たが、東京のタクシー
　　運転手に比べれば実際に顕著といえるものの、ノルウェーやデンマークでは外国旅
　　行者と接触の多いタクシー運転手こそ英語を話すのだという見方もある。

■引用・参考文献
石黒修（1940）.『国語の世界的進出：海外外地日本語読本の紹介』厚生閣.
石黒修（1941）.『日本語の世界化：国語の発展と国語政策』修文館.
ハバーランド, H.　坪井睦子（訳）（2011）.「地域言語は国際語になりえるか：国際化
　　と言語選択」鳥飼玖美子・平賀正子・野田研一・小山亘（編）『異文化コミュニケー

ション学への招待』（pp. 331-348）みすず書房.

松宮一也（1942）．『日本語の世界的進出』婦女界社.

Ammon, U. (2007). Is the promotion of languages such as German and Japanese abroad still appropriate today? In F. Coulmas (Ed.) *Language regimes in transformation: Future prospects for German and Japanese in science, economy and politics* (pp. 53-70). Berlin: Mouton de Gruyter.

Brown, L. (2010). Politeness and second language learning: The case of Korean speech styles. *Journal of Politeness Research*, 6(2), 243-269.

Coulmas, F. (1989). The surge of Japanese. *International Journal of the Sociology of Language*, 80, 115-131.

De Swaan, A. (2001). *Words of the world: The global language system.* Cambridge: Polity Press. (Reprint 2013. Malden: Wiley.)

Haberland, H. (2011). Ownership and maintenance of a language in transnational use: Should we leave our lingua franca alone? *Journal of Pragmatics*, 43(4), 937-949.

Haberland, H. (2019). English as a world language in Scandinavia and elsewhere (Part 2), *Studia Linguistica Universitatis Iagellonicae Cracoviensis*,136(1), 25-36.

Hazel, S. & Mortensen, J. (2013). Kitchen talk: Exploring linguistic practices in liminal institutional interactions in a multilingual university setting. In H. Haberland, D. Lønsmann & B. Preisler (Eds.) *Language alternation, language choice and language encounter in international tertiary education* (pp. 3-30). Dordrecht: Springer.

He, D. & Li, D. C. S. (2009). Language attitudes and linguistic features in the 'China English' debate. *World Englishes*, 28(1), 70-89.

Heinrich, P. (2013). Visions of community: Japanese language spread in Japan, Taiwan and Korea. *Internationales Asien Forum*, 44(3/4), 239-258.

Hirataka, F. (2001). *Der Erwerb der Temporalität im Japanischen als Zweitsprache: Eine empirische Untersuchung zu Lernervarietäten brasilianischer Immigranten.* München: Iudicium.

Hu, X. (2004). Why China English should stand alongside British, American, and the other 'world Englishes'. *English Today*, 78(20.2), 26-33.

Ide, S. (2012). Roots of the *wakimae* aspect of linguistic politeness. In M. Meeuwis & J.-O. Östman (Eds.) *Pragmaticizing understanding: Studies for Jef Verschueren* (pp. 121-138). Amsterdam: Benjamins.

Ikeda, K. & Bysouth, D. (2013). Japanese and English as lingua francas: Language choices for international students in contemporary Japan. In H. Haberland, D. Lønsmann & B. Preisler

(Eds.) *Language alternation, Language choice and language encounter in international tertiary education* (pp. 31-52). Dordrecht: Springer.

Kachru, B. (1985). Standards, codification and sociolinguistic realism: The English language in the outer circle. In R. Quirk & H. G. Widdowson (Eds.) *English in the world* (pp. 11-30). Cambridge: Cambridge University Press.

Katsuragi, T. (2007). On language policy in the age of globalization with good governance. In F. Coulmas (Ed.) *Language regimes in transformation: Future prospects for German and Japanese in science, economy and politics* (pp. 1-17). Berlin: Mouton de Gruyter.

Leech, G. (1983). *Principles of pragmatics*. London: Longmans.

Li, W. (2016). New Chinglish and the post-multilingualism challenge: Translanguaging ELF in China. *Journal of English as a Lingua Franca*, 5(1), 1-25.

Lins, U. (1976). *Die Ômoto-Bewegung und der radikale Nationalismus in Japan*. München: Oldenbourg.

Mizumura M. (2015). *The fall of language in the age of English*. New York: Columbia University Press.

Nakane, I., Otsuji, E. & Armour, W. S. (Eds.) (2015). *Languages and identities in a transitional Japan: From internationalization to globalization*. New York: Routledge.

Ostheider, T. (2009). "Communication with foreigners" in Japan: Image and reality. In S. Ferreri (Ed.) *Plurilinguismo, multiculturalismo, apprendimento delle lingue: Confronto tra Giappone e Italia* (pp. 229-248). Viterbo: Sette Città.

Ostheider, T. (2012). From "foreign" language education to plurilingualism: Challenges for language education policy in a multilingual Japan. *Journal of Social Sciences*, 8(1), 109-115.

Otsuji, E. & Pennycook, A. (2010). Metrolingualism: Fixity, fluidity and language in flux. *International Journal of Multilingualism*, 7(3), 240-254.

Phillipson, R. & Skutnabb-Kangas, T. (1985). Applied linguists as agents of wider colonization: The gospel of international English. *Osnabrücker Beiträge zur Sprachtheorie*, 31, 159-179.

Yasuda, T. (2005). L'aménagement linguistique du Japon imperial. In L.-J. Calvet & P. Griolet (Eds.) *Impérialismes linguistiques hier et aujourd'hui* (pp. 97-117). Aix-en-Provence: ÉDISUD.

第7章

言語使用者を母語話者の規範から解放する言語教育

国際英語と国際日本語

日野信行

1. はじめに

　本章[1] の目的は、母語話者主義を克服する「国際英語」教育の考え方について述べるとともに、「国際英語」教育から「国際日本語」教育への示唆について考察することにある。

　ここでいう「母語話者主義」とは、英語の native-speakerism（Holliday 2005）に相当する概念である。ただし本稿では、Holliday の定義よりも簡略化し、「母語話者の権威や優越性への信仰」を意味するものとする。また、post-native-speakerism（Houghton et al. 2018）という最近の理念を参考に、「母語話者主義を超克する考えや姿勢」を指して「ポスト母語話者主義」と呼ぶことにする。

　母語話者主義から脱皮しないかぎり、基本的人権としての「表現の自由」の実現は不可能である。英語の例でいえば、従来の日本の英語教育ではアメリカ英語の習得が目標とされているが、アメリカ英語はアメリカ文化の表現に適したかたちで発達したものであり、日本文化や日本的価値観の表現手段としては適していないのである。また、母語話者間で用いられる英語は、非母語話者には通じにくい場合も多く、国際コミュニケーションには向いていない。

　本章はさらに、日本語教育と英語教育の連携の可能性を探る取り組みでもある。日本の内外の日本語教育研究者と英語教育研究者が結集したプロジェクトである上記の Houghton et al.（2018）や、さまざまな第二言語・外国語教育研究者の交流を促進する「外国語教育学会」（2006 年創設）による近年の盛んな活動等に見られるように、個別の言語の枠を超えた言語教育研究への機運が高まりつつある今日である。

2. 概念的枠組み

　英語における母語話者主義を克服するパラダイム（概念的枠組み）とし

てよく挙げられるのは WE（World Englishes）、ELF（English as a Lingua Franca）、EIL（English as an International Language）であるが（Hino 2009）、ここではさらに日本の在来の概念としての「国際英語」を加えたい。本節では、英語におけるポスト母語話者主義に立つこれらの概念の要点をそれぞれ簡単に述べる。

　WE（Kachru 1985, 1986, 1997, cf. Halliday et al. 1964; Kachru 1965, 1976）は「世界諸英語」（本名 2003）と訳されるように、世界各国でさまざまに発達した多様な英語を指す。インド英語やシンガポール英語などイギリス（さらにアメリカも）の旧植民地における土着化した英語変種（indigenized varieties of English）の研究に端を発する概念である。

　ELF（Jenkins 2000, 2015; Seidlhofer 2011; Mauranen 2012; Widdowson 2015）は、第一言語の異なる人々のあいだのコミュニケーションに用いられる英語と定義される。最近のELF研究の主流の立場では、状況に依存して柔軟に変化するELFの性質に加えて、その多言語的（multilingual）あるいは言語横断的（translingual）な側面が注目されている。またELFは、単一の変種（variety）ではなく変種の集合体でもないとみなされており（Jenkins et al. 2011）、個々の状況において協働的に構築されるバリエーション（variation）である（Seidlhofer 2011; Widdowson 2015）と考えられている。

　EIL（Smith 1976, 1978, 1981）は、端的にいえば国際コミュニケーションのための英語のことである。上述のWEが英語変種の国内的使用に関する考察を原点とするのに対し、EIL研究は英語変種の国際的使用に重点を置いている（Hino 2001）。

　国際英語（國弘 1970; 鈴木 1975）は日本で発想された理念であるが、EILの英語観と共通点が多く、国際コミュニケーションのための多様な英語によって構成される。日本人の自己表現のために英語を日本化する必要性が早くから斎藤（1928/2002）によって唱えられたという歴史的経緯を有する国だけあって、国際英語の論者においても、日本的価値観を英語で表現する媒体としての日本式英語（Japanese English）の可能性への関心が高い。

ここでは、日本式英語は国際英語の一変種と位置づけられている。

　筆者が提案するパラダイム（Hino 2018b, cf. Hino 1988, 2001）の呼称は、英語ではEIL、日本語では「国際英語」としている。これはSmithのEILを発展させるとともに、WE、ELF、そして國弘（1970）等の日本独自の「国際英語」の要素を加えた統合的な枠組みであり、本稿の議論もこの新たなEIL（国際英語）パラダイムに依拠している。WE論でいうところのExpanding Circle（Kachru 1985）、すなわち日本など、英語を第二言語としてではなく外国語（English as a Foreign Language: EFL）として用いてきた地域のニーズに対応する理論的枠組みである。

3. 「国際英語」教育の原理

　本節では、日本を含むExpanding Circleにおける「国際英語」教育の教材・モデル・教授法・テスト・教員・学習者について、従来の英米語の教育と比較しながらその概略を述べる（Hino 2001, 2018b）。

3.1 教　材

　受容技能（リスニングとリーディング）については、伝統的な英語教育では英米語が教材となるが、「国際英語」教育では英米語にかぎらず多様な英語が教材となる。ただし、学習者のニーズに応じて特定の変種に重点を置くこと（たとえばインドに赴任する予定の日本人ビジネスパーソンのためのインド英語の教材等）も可能である。

　産出技能（スピーキングとライティング）に関しては、かつてのような英米的価値観を表現するための教材だけでなく、学習者自身の価値観を表現する教材が必要となる。また、英米の母語話者だけでなく、世界の英語使用者に広く理解される英語であることが求められる。

　さらに、相互行為（インタラクション）の能力を養うための教材についても、従来は英米の相互行為規範（たとえば御礼を述べるときのアメリカの言語

習慣等）を教えるものであったが、「国際英語」教材では英米的規範は相
対化され、コミュニケーション方略（広義での）を用いた異文化間相互行
為が焦点となる。さまざまな文化が交錯する国際英語の相互行為において
は、意味交渉（negotiation of meaning）や適応（accommodation）が生命線で
ある。

3.2　モデル

　モデルについては、3.1項での産出技能の教材と同趣旨である。国際コ
ミュニケーションにおいて自己の価値観を表現できるとともに、母語話者
のみならず非母語話者にも理解される英語であることが要件となる。

　日本人のための国際英語、すなわち国際コミュニケーションの手段とし
ての日本式英語のモデルの例を挙げる（日野 1989; Hino 2012a, 2012c）。アメ
リカ英語をモデルとする英語学習では、論説においては（作文でもスピーチ
でも）、最初に結論を掲げ、次にその根拠をいくつか（3点ほど）挙げ、最
後にあらためて同趣旨の結論を述べて締めくくる、という構成が基本とさ
れている。従来のこのモデルでは、日本の伝統である「起承転結」の構成
を英語に持ち込むことは禁じられてきた。しかし、結論ありきの一方的な
主張でなくバランスのとれた議論を構築するためには、起承転結の構成は
効果的であり、「和」を貴ぶ価値観を有する日本人の英語での論説のモデ
ルとしては、場合に応じて起承転結も一つのオプションとすべきである。

　発音のモデルにおいても、母語話者の発音を目指す従来の立場とは異な
り、国際英語では脱落や連結を控えめに抑えた発音が奨励される。その結
果、リズムも英米語のような強勢拍にはならない。そのような発音のほう
が非母語話者の聴き手には通じやすく（Jenkins 2000; Deterding et al. 2006）、
また日本的な発音であることはアイデンティティの表現のうえで好ましい
要素なのである。

3.3 教授法

　国際英語の教授法の原理は、主に2点存在する。その第一点は、英語教育が行われる当該の国の社会的・文化的要因を尊重することである。国際英語では各国の英語の価値を認めるわけだが、それと同様に、教育方法についてもそれぞれの社会・文化との整合性を重視すべきという考え方である（Hino 1992; McKay 2002）。たとえば、日本では、漢文学習に伴う訳読や音読の長い歴史があり、日本の言語文化に根づいたこの伝統の重みは国際英語の教授法においても考慮されるべきである。

　第二点として、3.1項でも触れたように、異文化コミュニケーションである国際英語の状況に対応するためには、臨機応変の意味交渉や適応の技能がとくに重要となる。たとえば、必要に応じて相手の意図を確認したり、あるいは相手にわかりやすいように言い直したりする能力であり、これらの技能を養成するような教授法が求められる。

3.4 テスト

　国際英語のテストの原理は、上述の教材やモデルの原理と軌を一にするものである。まず受容技能については、多様な英語を理解する能力を測定する必要がある。たとえば、アメリカ人の母語話者間のアメリカ社会における会話を聴いて内容に関する設問に解答するという形式は従来からよく見られるが、国際英語のテストならば、たとえばギリシャ人とブラジル人が中国文化について論じる会話を聴いて設問に答える問題などもありうる。ただし、試験の目的に応じて、特定の変種の理解に重点を置くテストも可能である。

　産出技能についても、これまでと異なり、母語話者の英語に近いかどうかは評価とは無関係である。英語で自己表現が的確にできるか、そして母語話者も非母語話者も含めた世界の英語使用者にうまく伝わるような英語かどうか、が評価の基準なのである。

154

相互行為能力のテストにおいては、英米を超えた多様な異文化のあいだでの英語コミュニケーションにおいて、意味交渉や適応が適切にできる力が問われる。

3.5 教　員

伝統的な英米語教育での教員は、英語の母語話者であることがしばしば理想とされてきた。たとえば英会話学校の広告において、「わが校の講師は全員ネイティブスピーカーです」という趣旨の文言をよく見かけるのはその典型である。しかし「国際英語」教育では、母語話者であるか非母語話者であるかは教員の資質には無関係である。「国際英語」の教員においては、地元の社会的環境や言語文化的要因に関してよく理解していることが重要である。日本の小学校英語教育において授業をALT（英語指導助手）に丸投げしているケースが多い現状については、この視点からも再検討が必要であろう。

また、外国人教員の任用に関しても、「国際英語」教育では母語話者と非母語話者の区別を設けない。実践例として、たとえば玉川大学のELFセンターではすでにそのような方針での任用が行われている（Oda 2018）。

3.6 学習者

英米語教育では、非母語話者のみが学習者と位置づけられていた。しかし「国際英語」教育では、非母語話者のみならず母語話者も学習者であるとみなされる。国際英語での異文化コミュニケーションを円滑に運ぶ方法を学ぶことは、母語話者・非母語話者にかかわらず必要である（Smith 1978）。

4.「国際英語」教育の授業実践

本節では、国際英語の実際の授業例として、大阪大学での筆者の実践

から生まれた二つの教授法について簡単に紹介する。IPTEIL（Integrated Practice in Teaching English as an International Language）（Hino 2012b, 2018b）、およびCELFIL（Content and English as a Lingua Franca Integrated Learning）（Hino 2017, 2018a, 2018b, 2019）である。

4.1 IPTEIL（統合的国際英語教授法）

　IPTEILは、共通教育、すなわちさまざまな学部の1・2年生の英語クラスにおいて国際英語を教える取り組みから生まれたメソッドである。CALL教室（コンピュータ教室）において、授業当日の最新のニュースをインターネット上のさまざまな国の英語ニュースメディアで視聴・読解し、それぞれの視点を比較する。国際英語における価値観の多様性を体験することに重点を置いた授業である。BBCやCNNなど日本でもよく知られる英米のメディアだけでなく、たとえばCNA（シンガポール）、*Al Jazeera*（カタール）、*Hürriyet*（トルコ）、KTV（ケニア）など、世界のメディアを広範に参照する。

　本教授法の名称は、国際英語の教育においていくつかの教育的概念を統合的に実践するところから来ている。以下で説明するクリティカル・リテラシー（critical literacy）に加え、この授業は、具体的な内容を中心に据える内容重視教授法（Content-Based Instruction: CBI）であり、また日本語ではまだ手に入らない最新の情報を英語メディアから収集するというオーセンティック（authentic）なタスクを通じて、国際英語の実践共同体（Community of Practice）（Lave et al. 1991）に参加するものである。

　筆者の近年の実践から一例を挙げると、2018年11月30日の授業では、中国の科学者によるゲノム編集のニュースについて、中国（本土）の*People's Daily*、アメリカのCNN、香港の*The Standard*の報道を比較・対照した。まず、同日の*People's Daily*は下記のように報じている[2]。

Chinese authorities on Thursday ordered suspending research

activities of persons involved in the gene-edited babies incident, denouncing the matter as "extremely abominable in nature" and in violation of Chinese laws and science ethics.[3] （中国政府は、遺伝子編集によるベビーの誕生に関与した人々の研究活動の停止を指示し、この事件を「きわめて忌まわしい性質の問題」であり中国の法律と科学倫理に違反するものであると断じた。）

People's Daily は中国共産党の機関紙であるから、その記事の論調は中国政府の公的見解を表明するものである。上記の記事では、中国はバイオ技術等の倫理面で規制が緩いと西欧諸国から見られることが多いという現状を意識して、厳格な方針を強調していることが読み取れる。一方、同じ日の下記のアメリカCNNの報道は対照的である。

China has long been considered on the forefront of gene-editing technology, bankrolling expensive research projects and boasting less regulation in the field than Western nations.[4] （中国は遺伝子編集技術の最前線にあると以前から考えられており、多額の費用を必要とする研究プロジェクトに出資するとともに、西欧諸国に比してこの分野での規制が少ないことを誇っている。）

CNNのこの記事は、欧米の観点から中国政府の姿勢を描写するものである。さらに次は、中国本土のメディアとは色合いの異なる、香港の *The Standard* による同日の報道である。

A group of leading scientists has declared that it's still too soon to try making permanent changes to DNA that can be inherited by future generations, as a Chinese researcher claims to have done.[5] （将来の世代に受け継がれるようなDNAへの恒久的な変更を行ったと中国の研究者は主

張するが、主要な科学者たちからなるグループは、そのような試みは依然として尚早であると宣言した。）

　上記の記事には、香港らしいグローバルな視点が表れているといえよう。授業では、このような比較により、同一の事象に関する報道においてもそれぞれのメディアの立場が反映されていることを学ぶ。多様な価値観が交わる国際英語の世界で必須となるクリティカル・リテラシーを養う活動である。

　なお、このクラスにおいて教員（筆者）が話す英語は、学生にとって理解可能なインプット（comprehensible input）（Krashen 1985）であることを心がけると同時に、日本人にとっての国際英語としての日本式英語（Hino 2012a, 2012c）の参考例となることを意図している。

4.2　CELFIL（内容国際英語統合学習）

　近年、世界各国の高等教育において EMI（English-Medium Instruction）による授業（英語での専門科目授業）（Doiz et al. 2013）が増加しており、日本の文部科学省も EMI を推進している。CELFIL は、この EMI クラスを利用し、科目の内容と同時に国際英語を学ぶというアプローチである。4.1 項の CBI に類似した CLIL（Content and Language Integrated Learning, 内容言語統合学習）（Coyle et al. 2010）の概念を援用し、また相互行為の側面を重視する ELF の理念を採用して（cf. Smit 2013）、CELFIL（Content and English as a Lingua Franca Integrated Learning）と命名した。

　ここでいう EMI とは、たとえば経営学や工学など専門科目が英語で教授される状況を指し、主として Expanding Circle の大学や大学院に関して用いられる概念である。EMI は英語の授業ではないが、学生の英語力を向上させる機会としても期待される。EMI に工夫を加えることによって、内容だけでなく同時に国際英語の学習の場として機能させるのが CELFIL のねらいである。

　EMIの実践例を見ると、日本においても各現場により多様な状況が存在するが、さまざまな国からの留学生と日本人学生が一緒に受講する場合も多い。すなわちそのようなEMIクラスではオーセンティックな国際英語環境が実現しており、適切な指導のもとに学生間の相互行為を実施すれば国際英語の技能を体験的に学ぶ活動となる。

　大阪大学の大学院博士前期課程における筆者の授業（言語文化教育論）も、留学生と日本人学生が学習の場を共有するEMIクラスであり、内容（言語教育学）を学ぶなかで国際英語のスキルも学習できるCELFILとしての効果を上げることを目指している。その取り組みから生まれた活動の一つが、OSGD（Observed Small Group Discussion）（Hino 2018a, 2018b, 2019）である。

　通常のSGD（スモールグループ・ディスカッション）ではいくつかのグループが同時進行で議論を行うが、OSGDではスモールグループを一つだけ編成し、他の受講生はそのディスカッションを取り囲んで観察する。このとき、スモールグループは留学生と日本人学生など複数の出身国の学生が参加するかたちにして、オーセンティックな国際英語の相互行為となるように配慮する。また、観察者を務める学生たちには、議論の内容とともに、どのようなコミュニケーション方略が用いられているかに着目するよう指示する。そしてOSGDに引き続いてクラス全体で話し合い、議論の内容とコミュニケーション方略について、討論者・観察者それぞれの立場からの意見を交換する。この全体会において、教員はできるかぎり有益なフィードバックを提供するように努める。

　次回のOSGDにおいては、前回討論者を務めた学生たちは観察者にまわり、前回の観察者たちがディスカッションを行う。そのなかで、討論者たちには観察から学んだ知見を議論に活かすことを奨励する。また観察者たちに対しては、討論者としての経験に基づいて観察すべきポイントを意識化するように促す。

　筆者のクラスにおけるOSGDで、観察または使用したコミュニケー

ション方略として受講生たちが挙げたものには、聞き返し（clarification）、確認（confirmation）、コードスイッチング（code-switching）、あいづち（backchannels）、非言語的手がかり（non-verbal cues）などがある。このように、OSGDでは、観察・省察・実践のプロセスを通じて、国際英語における協働的な意味構築（collaborative meaning-making）を体験的に学ぶのである。

5. 「国際日本語」教育への示唆

　以上では「国際英語」教育、すなわちポスト母語話者主義に基づく英語教育の概要について述べた。では同様に、日本語使用者を日本語母語話者の規範から解放する日本語教育とはどのようなものであろうか。英語教育研究者としての視点からではあるが、「国際日本語」教育、つまり国際コミュニケーションのための「脱日本化」日本語の教育に関して、本節では若干の考察を提示したい。

5.1　日本語におけるポスト母語話者主義

　まず最近の研究の例では、たとえばNomura et al.（2018）は、香港で日本語クラスの教壇に立つ地元出身の2名の教員に関するケーススタディを行っている。その結果、"native-speakerism such that only native speakers were imagined as the ultimate goal of language learning"（2018: 92）（母語話者のみが言語学習の究極の目標として想定されるような母語話者主義）が見られることを指摘し、"the paucity of non-native-speaker models in Japanese language teaching, with native-speaker models being taken for granted"（2018: 79）（日本語教育において母語話者モデルが当然視され、非母語話者モデルが不足していること）が問題であると論じている。日本語においてもポスト母語話者主義の推進が課題であるという事実を示す研究の好例である。

　歴史を大きく遡るならば、第二次世界大戦の戦前・戦中のアジア太平洋地域における日本の「領土」での日本語の使用の態様も、日本語が母語話者の言語文化的枠組みを超える現象に関する示唆を有するものである。しかしながら、そのテーマは本稿の範囲を逸脱するため、ここでは立ち入らない。

　「国際日本語」に関する1980年代の先駆的な議論として特筆できるのは、当時の日本を代表する学者・知識人による座談会「国際化する日本語の座標軸」（加藤ほか1986）である。日本語が脱日本化しつつある傾向をいち早く捉えたこの座談会において、たとえば、文化人類学者の梅棹忠夫は、国際コミュニケーションの手段としての非母語話者の日本語に対する「寛容の精神」（1986: 16）を唱えている。また、学際的な評論家として知られた加藤周一も、たとえば「タイ日本語」（1986: 25）など多様なかたちで国際化する日本語を受け入れる必要性を指摘した。

5.2　英語から見た「簡約日本語」

　さらに、国際日本語の問題に関して一般の人々のあいだでも話題になったのが、1988年2月26日の朝日新聞夕刊（東京本社版）に掲載された「外国人のための『簡約日本語』発明します」という見出しの記事である。国立国語研究所の野元菊雄による「簡約日本語」の構想として、本記事は、「です・ます調に統一」「動詞は『マス』活用」「基本使用語は1000語」などの特徴を挙げていた。

　国際英語の教育に取り組む英語教育研究者としての筆者は、国際日本語の教育における試みとしてのこの「簡約日本語」構想の報に感銘を受けた。しかしその一方で、以下で説明する英語における同種の2例を想起し、簡略化された日本語が受けいれられるどうか、少なからず危惧も覚えたものである。

　まず語彙の制限に関して英語では、C. K. Ogdenにより1930年に提案されたBasic Englishが知られるが、単語を850語に絞ったこのBasic

Englishは国際コミュニケーションの媒体としてはあまり普及しなかったのが現実である。もっとも、簡約日本語は、最終目標としてではなく学習段階での過渡的な言語と解釈することもでき、実際、Basic EnglishもGDM（Graded Direct Method）と呼ばれる英語教授法の手段としては機能しているため、簡約日本語も習得を容易にするための工夫としては成り立つ可能性があるかもしれないと感じた。ただし、当時、筆者の周囲の日本語教育関係者に聞いた範囲内では、簡約日本語は教育の手段としても期待できそうにない、という意見が多かったことも事実である。

さらにその当時、簡約日本語における文法の簡略化については、英語でのNuclear English（Quirk 1981）を想い起こした。イギリスを代表する言語学者であったRandolph Quirkによるこの概念は、複雑な文法操作を伴う付加疑問文をすべてright?で済ませるなど、非母語話者にとって習得が容易になるように英語を単純化することを主旨としていた。しかしながら、簡約日本語が新聞で話題になった時点ですでに Nuclear English 構想の発表から7年が経過していたにもかかわらず、Nuclear Englishは付加疑問文等の若干の例以外は抽象的な理念にとどまり、具体性を欠いたままであった。実際、その後もNuclear Englishはほとんど発展を見ることはなかった。

筆者の知るかぎりにおいては、これまでのところ、簡約日本語も大きな成功を収めたとはいいがたいようである。もしも上述の英語での経験に照らすならば、国際日本語も、人為的な簡略化を指向するより、前述の1986年の座談会ですでに示されていたような多様化の受容を促進する方向性のほうが有望という見方もできるかもしれない。ただし、これは個々の状況や目的等の諸要因に関わる複雑な問題でもあり、一概にはいえない。また本章では踏み込まないが、近年、「やさしい日本語」（e.g. 庵ほか2019）という名称で知られる、多文化共生に向けた取り組みもあり、今後のさらなる展開が注目されるところである。

5.3　国際日本語の理念の実践例

　筆者は、講師を務めたラジオ英語講座「百万人の英語」の1989〜90年のシリーズにおいて「国際英語」教育を実践する試みを行ったが、その一環として、国際日本語の問題も取り上げた。マレーシア・香港・スリランカ・バングラデシュ・フィリピン・フランスからの英語非母語話者のゲストを招き、筆者と英語で対談することによって、全国のリスナーに国際英語の多様性に親しんでもらうことを主眼としたラジオ番組である。そのなかで、母語話者の言語的・文化的枠組みを超えて用いることが可能なのは英語にかぎらないということを示すために、アメリカのDavid G. Goodmanによる日本語での著作を挙げた（日野 1990）。Goodmanは、たとえば次のように書いている。

　　ぼくは「日本文化の結晶」として日本語を使ってきたのではなく、自
　　己表現の手段としてそれを使ってきたのである……日本語でものを書
　　いてきたぼくの行為は……「日本」とは関係ないのである。（グッドマ
　　ン 1987: 54）

　伝統的には、日本語は日本的価値観を表現する言語であると考えられてきた。たとえば、日本語教育と日本事情の教育を一体化させるようなカリキュラムは、その表れである。それに対しGoodmanは、ユダヤ系アメリカ人としての自己表現の媒体として日本語を用いているのである。

　国際英語における最も歴史のあるパラダイムである前述のWE論の契機となった事象の一つは、インドのRaja RaoやナイジェリアのWole Soyinka等の作家によるポストコロニアル英語文学の創作活動、つまり英米の旧植民地において、英米文化ではなくインドやナイジェリアなどの文化を英語で表現する営みであった。同様に、Goodmanのようにポスト母語話者主義に立つ作家による日本語での創作も、国際日本語の使用者を勇

気づけるものである。

5.4 「国際日本語」教育の実践に向けて

　本稿では、「国際日本語」教育の詳細については論じないが、上記で「国際英語」教育の原理や授業実践について述べた内容には、「国際日本語」教育にも応用できる部分が多い。「国際日本語」教育においては、たとえば、日本語の母語話者であることは、日本語教員の任用において有利な資質とはみなされない。同様に、とくに重要なのは、国際日本語の学習者は日本語の非母語話者だけでなく、母語話者も含むことである。

　たとえば、4.2項で紹介した筆者の大学院クラスでは、留学生が多く受講する環境を活かして、「国際日本語」教育のためのOSGDも試行している。先日、日本語でのOSGDに参加した日本人学生（ポスト母語話者主義の概要は受講済み）に、OSGDにおける学習者としての感想を求めたところ、その学生は「日本語のときは、自分は学習者ではないので」と答えた。そこで、「国際日本語」教育では日本語母語話者も非母語話者と同様に学習者であり、日本語を用いた国際コミュニケーションを円滑に行う方法を学ぶ必要があることをあらためて説明したところ、その意義を理解した様子であった。このエピソードは、頭で考えるだけでなく適切な指導のもとに現実の体験を通して学ぶことの重要性を、あらためて物語っているように思われる。

6. むすび

　どのような言語も、母語話者の規範を超えうる。歴史においては、たとえばギリシャ語がその顕著な例である。本稿の締めくくりとして、2000年前の新約聖書におけるギリシャ語のケースを挙げたい。

　1世紀から2世紀にかけて、のちに新約聖書として編纂されるに至るさまざまな書き物が、当時のリンガフランカであったギリシャ語で著され

た。そしてその書き手はパウロやルカのようなギリシャ語母語話者のみならず、たとえば「マルコによる福音書」の著者や「黙示録」の著者などギリシャ語非母語話者もおり、母語話者とは異なる言語的特徴を呈していた（田川 1997）。また、読み手もギリシャ語の母語話者と非母語話者の両方を含んでいた。さらに文化的内容についても、たとえば新約聖書の中核をなす四福音書等は非ギリシャ的な中東の地の価値観を描いており、ヘレニズム文化を表現しているわけではない。実際、聖書学者のあいだでは、新約聖書のギリシャ語をJewish Greek（ユダヤ・ギリシャ語）（Turner 1991）あるいはPalestinian Greek（パレスチナ・ギリシャ語）（Silva 1991）と呼ぶ考え方もある。

　母語話者・非母語話者の垣根を越えて信念のメッセージを伝えた人々のエネルギーは実に圧倒的なものであった。歴史上最大のベストセラーである新約聖書は、2000年前のポスト母語話者主義の実践であったといえる。

　今日われわれは、たとえば憲法等でも保障された「表現の自由」を重要な基本的人権であると考えている。しかし実際には、母語話者の言語的・文化的枠組みに縛られていたのでは、非母語話者は自己表現を果たすことができない。国際コミュニケーションにおける「表現の自由」の真の実現には、母語話者の規範からの解放が必要である。

■**付記**

本稿はJSPS科研費JP18K00738による研究の成果を反映している。また、原稿に関して青山玲二郎先生と明石智子先生から貴重なコメントをいただき、御礼申し上げる。

■**注記**

(1)　本稿は、2018年12月8日～9日に香港理工大学で開催された第12回国際日本語教育・日本研究シンポジウムにおいて英語で行った基調講演 "Liberating language users from native speaker norms"（「言語使用者を母語話者の規範から解放する言語教育」）を、日本語で論文化したものである。

(2)　本稿で引用する英文の和訳は本稿の筆者による。

（3）http://en.people.cn/n3/2018/1130/c90000-9523581.html（2018年11月30日）

（4）https://edition.cnn.com/2018/11/29/health/china-gene-editing-he-jiankui-intl/index.html（2018年11月30日）

（5）http://www.thestandard.com.hk/breaking-news.php?id=118354&sid=4（2018年11月30日）

■引用・参考文献

庵功雄・岩田一成・佐藤琢三・栁田直美（編）（2019）.『「やさしい日本語」と多文化共生』ココ出版.

加藤秀俊・梅棹忠夫・加藤周一・伊藤俊太郎・水谷修・楠田實（1986）.「国際化する日本語の座標軸：今なぜ日本語なのか」（座談会）『国際交流』41, 2-29.

グッドマン，D.（1987）.「あなたがあなたである故に私が私である」『翻訳の世界』12（9）, 52-55.

國弘正雄（1970）.『英語の話しかた』サイマル出版会.

斎藤秀三郎（2002）（初版1928）.『斎藤和英大辞典』（復刻普及版）日外アソシエーツ.

鈴木孝夫（1975）.『閉された言語　日本語の世界』新潮社.

田川建三（1997）.『書物としての新約聖書』勁草書房.

日野信行（1989）.「日本式英語の可能性」『現代英語教育』26（9）, 8-9.

日野信行（1990）.「Let's Read & Think」『百万人の英語』44（17）, 132-139.

本名信行（2003）.『世界の英語を歩く』集英社.

Coyle, D., Hood, P. & Marsh, D. (2010). *CLIL: Content and language integrated learning*. Cambridge: Cambridge University Press.

Deterding, D. & Kirkpatrick, A. (2006). Emerging South-East Asian Englishes and intelligibility. *World Englishes*, 25(3-4), 391-409.

Doiz, A., Lasagabaster, D. & Sierra, J. M. (Eds.) (2013). *English-medium instruction at universities: Global challenges*. Bristol: Multilingual Matters.

Halliday, M. A. K., McIntosh, A. & Strevens, P. (1964). *The linguistic sciences and language teaching*. Bloomington: Indiana University Press.

Hino, N. (1988). Nationalism and English as an international language: The history of English textbooks in Japan. *World Englishes*, 7(3), 309-314.

Hino, N. (1992). The yakudoku tradition of foreign language literacy in Japan. In F. Dubin & N. A. Kuhlman (Eds.) *Cross-cultural literacy: Global perspectives on reading and writing* (pp. 99-111).

Englewood Cliffs, NJ: Regents/Prentice Hall.

Hino, N. (2001). Organizing EIL studies: Toward a paradigm. *Asian Englishes*, 4(1), 34-65.

Hino, N. (2009). The teaching of English as an international language in Japan: An answer to the dilemma of indigenous values and global needs in the Expanding Circle. *AILA Review*, 22, 103-119.

Hino, N. (2012a). Endonormative models of EIL for the Expanding Circle. In A. Matsuda (Ed.) *Principles and practices of teaching English as an international language* (pp. 28-43). Bristol: Multilingual Matters.

Hino, N. (2012b). Participating in the community of EIL users through real-time news: Integrated practice in teaching English as an international language (IPTEIL). In A. Matsuda (Ed.) *Principles and practices of teaching English as an international language* (pp.183-200). Bristol: Multilingual Matters.

Hino, N. (2012c). Negotiating indigenous values with Anglo-American cultures in ELT in Japan: A case of EIL philosophy in the Expanding Circle. In A. Kirkpatrick & R. Sussex (Eds.) *English as an international language in Asia: Implications for language education* (pp. 157-173). Dordrecht: Springer.

Hino, N. (2017). Training graduate students in Japan to be EIL teachers. In A. Matsuda (Ed.) *Preparing teachers to teach English as an international language* (pp. 87-99). Bristol: Multilingual Matters.

Hino, N. (2018a). Pedagogy for the post-native-speakerist teacher of English. In S. Houghton & K. Hashimoto (Eds.) *Towards post-native-speakerism: Dynamics and shifts* (pp. 217-233). Singapore: Springer.

Hino, N. (2018b). *EIL education for the Expanding Circle: A Japanese model*. London: Routledge.

Hino, N. (2019). Designing CELFIL (content and ELF integrated learning) for EMI classes in higher education in Japan. In K. Murata (Ed.) *English-medium instruction from an English as a lingua franca perspective: Exploring the higher education context* (pp. 219-238). London: Routledge.

Holliday, A. (2005). *The struggle to teach English as an international language*. Oxford: Oxford University Press.

Houghton, S. A. & Hashimoto, K. (Eds.) (2018). *Towards post-native-speakerism: Dynamics and shifts*. Singapore: Springer.

Jenkins, J. (2000). *The phonology of English as an international language*. Oxford: Oxford

University Press.

Jenkins, J. (2015). Repositioning English and multilingualism in English as a lingua franca. *Englishes in Practice*, 2(3), 49-85.

Jenkins, J., with Cogo, A. & Dewey, M. (2011). Review of developments in research into English as a lingua franca. *Language Teaching*, 44(3), 281-315.

Kachru, B. B. (1965). The Indianness in Indian English. *Word*, 21(3), 391-410.

Kachru, B. B. (1976). Models of English for the Third World: White man's linguistic burden or language pragmatics. *TESOL Quarterly*, 10(2), 221-239.

Kachru, B. B. (1985). Standards, codification and sociolinguistic realism: The English language in the Outer Circle. In R. Quirk & H. G. Widdowson (Eds.) *English in the world: Teaching and learning the language and literatures* (pp. 11-30). Cambridge: Cambridge University Press.

Kachru, B. B. (1986). *The alchemy of English: The spread, functions and models of non-native Englishes*. Oxford: Pergamon Press.

Kachru, B. B. (1997). World Englishes 2000: Resources for research and teaching. In L. E. Smith & M. L. Forman (Eds.) *World Englishes 2000* (pp. 209-251). Honolulu: University of Hawaii Press.

Krashen, S. D. (1985). *The input hypothesis: Issues and implications*. London: Longman.

Lave, J. & Wenger, E. (1991). *Situated learning: Legitimate peripheral participation*. Oxford: Oxford University Press.

Mauranen, A. (2012). *Exploring ELF: Academic English shaped by non-native speakers*. Cambridge: Cambridge University Press.

McKay, S. L. (2002). *Teaching English as an international language*. Oxford: Oxford University Press.

Nomura, K. & Mochizuki, T. (2018). Native-Speakerism perceived by "non-native-speaking" teachers of Japanese in Hong Kong. In S. A. Houghton & K. Hashimoto (Eds.) *Towards post-native-speakerism: Dynamics and shifts* (pp. 79-95). Singapore: Springer.

Oda, M. (2018). A post-EFL approach to the administration of English language programs. *JACET ELF SIG Journal*, 2, 30-38.

Quirk, R. (1981). International communication and the concept of Nuclear English. In L. E. Smith (Ed.) *English for cross-cultural communication* (pp. 151-165). London: Macmillan.

Seidlhofer, B. (2011). *Understanding English as a lingua franca*. Oxford: Oxford University Press.

Silva, M. (1991). Bilingualism and the character of Palestinian Greek. In S. E. Porter (Ed.) *The language of the New Testament: Classic essays* (pp. 205-226). Sheffield: Sheffield University Press.

Smit, U. (2013). Learning affordances in integrating content and English as a lingua franca ("ICELF"): On an implicit approach to English medium teaching. *Journal of Academic Writing*, 3(1), 15-29.

Smith, L. E. (1976). English as an international auxiliary language. *RELC Journal*, 7(2), 38-53. Also in L. E. Smith (Ed.) (1983). *Readings in English as an international language* (pp. 1-5). Oxford: Pergamon Press.

Smith, L. E. (1978). Some distinctive features of EIIL vs. ESOL in English language education. *The Culture Learning Institute Report*, June, 5-7 & 10-11. Also in L. E. Smith. (Ed.) (1983). *Readings in English as an international language* (pp. 13-20). Oxford: Pergamon Press.

Smith, L. E. (1981). English as an international language: No room for linguistic chauvinism. *Nagoya Gakuin Daigaku Gaikokugo Kyoiku Kiyo*, 3, 27-32. Also in L. E. Smith (Ed.) (1983). *Readings in English as an international language* (pp. 7-11). Oxford: Pergamon Press.

Turner, N. (1991). The language of Jesus and his disciples. In S. E. Porter (Ed.) *The language of the New Testament: Classic essays* (pp. 174-190). Sheffield: Sheffield University Press.

Widdowson, H. (2015). ELF and the pragmatics of language variation. *Journal of English as a Lingua Franca*, 4(2), 359-372.

第8章

「リンガフランカとしての日本語」の
過去と未来

中国・上海での日本語教育・使用を例にして

青山玲二郎

1.　母語話者の規範から離れた日本語

　終戦以前に大日本帝国の言語として拡散した日本語は、この30年間ふ
たたび日本列島を超えて地理的な広がりを見せており、外国人を対象とし
た日本語教育は東ティモールからモザンビークまで世界各地で行われるよ
うになっている（国際交流基金 2019）。一方、日本語の母語話者数と非母語
話者数を比較すればその差は歴然としており、日本国内に住む1億2000万
人を超える母語話者に比べると、日本語を第二言語や外国語としてつかう
人は圧倒的に少ない。母語話者数が非母語話者数より多く、話者の多くが
日本列島に集住している日本語の現状を踏まえれば、「リンガフランカと
しての英語」のように母語話者の規範から離れた教育理念が生じてくるこ
とや、それを研究対象として検討することへ懐疑的なまなざしを向ける人
もいるだろう。

　本章ではまずリンガフランカとしての英語研究がたどってきた経緯を参
考にし、リンガフランカという言葉の意味が多言語主義に影響されどのよ
うに変容してきたかを概括する。その後、母語話者の規範を離れた日本語
を考えるうえで参照すべき先行研究を、過去における日本語の強制とその
反省、未来における日本語話者の多様化とその対策の二つに分けて分析す
る。最後に日本国外、とくに中国・上海で人々がどのように日本語を習っ
ているか、つかっているかを母語話者規範との関係から論じ、リンガフラ
ンカとしての日本語を問題化する。

　リンガフランカの「リンガ」は言葉、「フランカ」は西ヨーロッパ人全
体を指し、あわせて「西ヨーロッパ人の言葉」という意味になる。もとも
とは、14世紀から19世紀に地中海南岸および東岸で母語を共有しない人々
がつかったピジン、つまり商売に特化したコミュニケーションに用いられ
た接触言語を指していた（Adler 1977）。それはイタリア語をベースにスペ
イン語やアラビア語、ギリシャ語の語彙を活用したピジンと考えられてお

り、社会全域のコミュニケーションを担う母語としてのクレオールには発展していなかった（Arends et al. 1995）。16世紀以降、ヨーロッパ諸国が南北アメリカ、アフリカ、アジアの各地を植民地化するとともに、各地でさまざまなピジンがつかわれるようになり、リンガフランカという言葉はそれらすべてのピジンを指すようになっていく。このときから、リンガフランカは地中海でつかわれた一つのピジンを指す固有名詞から、多種多様なピジン全般を指す一般名詞へと意味が変化した。

　その後、必ずしもピジンだけではなく、第一言語の異なる話者がコミュニケーションをとるためにつかう言語全般（Vehicular languages）を意味するようになり（Brosch 2015）、「英語がリンガフランカとしてつかわれている」というようなときには、ピジンを指すのではなく、母語の異なる話者が母語でない言語を共通語としてつかうことを意味するようになった。

2.　リンガフランカとしての英語

　1990年代後半、リンガフランカとしての英語（English as a Lingua Franca）の研究は、アメリカ人やイギリス人など母語話者と話すためだけに英語を学ぶという考え方を否定することから始まった。世界中でなされている実際の言語使用に目を向ければ、英語母語話者がいない場面でも母語が異なる話者同士が英語を共通語としてつかっており、その使用には母語話者の規範に従わない一定の話し方や特徴があると推測された（Jenkins 2015）[1]。当初の研究は発音や文形式に集中し、話者の第一言語は異なっていても共通してつかわれる英語の特徴があることを前提に進んだ。そのため初期のリンガフランカとしての英語研究では、非母語話者が不可算名詞を可算名詞としてつかったり（例：informations）、三人称単数形の 's' を省いたり（例：she suggest）するとの仮説が例として挙げられていた（Seidlhofer 2004）。当時は、リンガフランカとしての英語がいつかは一つの英語変種として確立して認識され、学校機関で将来的に教えられ習得されるように

なると考えられていた（Coleman 2006; Kirkpatrick 2007）。

　しかしその後、非母語話者同士がつかう英語には必ずしも一定の規則性が存在せず、話者がその状況に応じて即興的に意味交渉をしており、多言語レパートリーを駆使してコミュニケーションの目的を果たしていることがわかってきた（Seidlhofer 2009, 2011）。この時点からリンガフランカとしての英語研究は、特定の言語的特徴を同定したり、地理的に定義される旧植民地で話される英語変種（World Englishes）を観察するのではなく、グローバルな実践共同体（Communities of Practice）でつかわれる英語（Seidlhofer 2009: 238-239）や、境界を越えたオンラインでの意味交渉（Jenkins 2015: 55）に注目するようになっていった。

　リンガフランカとしての英語の代表的定義としては「第一言語が異なる話者のあいだで、接触言語としてつかわれる英語」（Jenkins 2009）や「第一言語が異なる話者のあいだでコミュニケーション手段に選ばれるあらゆる英語使用、そのとき英語がしばしば唯一の選択肢」（Seidlhofer 2011）などがあるが、いずれも英語にフォーカスしてきたがゆえに話者の多言語実践を後景化してきたと多言語主義の観点から批判されている（Jenkins 2015; Pullin 2015）。話者の多言語実践が存在しなければ英語のリンガフランカ使用自体が成立しないにもかかわらず、リンガフランカ研究では多言語実践は話者のリソースとしてわずかに言及されるにとどまっていた。一方、多言語主義研究では、英語やフランス語などそれぞれの言語に確固とした境界がなく、話者が多言語リソースを統括して駆使することがわかってきており、多言語話者がさまざまな言語を統合しコミュニケーションシステムとしてつかう過程（translaguaging, cf. García et al. 2014）や、コミュニケーションの目的を果たすため状況に応じて多言語を切り替える複言語話者（plurilingualism, cf. Canagarajah 2009）や、文化、歴史、政治の境界を越える創造的な言語実践（metrolingualism, cf. Pennycook et al. 2015）が着目されるようになった。

　これら多言語主義の研究を踏まえ、リンガフランカとしての英語研究は

それまでの英語だけへのフォーカスを反省し、英語が接触言語の一つとして必ずしも選ばれるわけではないが、英語がつかえる状況にある場面での多言語コミュニケーション全般を研究するようになっている。この考え方に基づいたマルティリンガフランカとしての英語（English as a Multilingua Franca, cf. Jenkins 2015: 73）の研究は、英語だけしか話せない単言語話者の発話も対象としているところが多言語主義の文脈と異なる（Ishikawa 2017; Ishikawa et al. 2019）。英語しか話せない母語話者であっても、状況に応じて馴染みのない多言語リソースを即興的に活用することさえできればマルティリンガフランカとして英語をつかっていると考えられている。

3. 英語を対象とした研究を日本語に当てはめる誤謬

　これまでのリンガフランカとしての英語研究の変遷は、リンガフランカとしての日本語を考えるうえで示唆に富んでいる。根底にある母語話者を規範としない考え方はもちろんのこと、非母語話者の発音や文形式を日本語変種として見出すのではなく、話者の即興的な意味交渉を観察する研究方法は実際の多言語実践に即している。日本語非母語話者は自分の母語と日本語だけを行き来するのではなく、状況と相手に応じて英単語を交えたり、身振り手振り表情で表現したり、日本語を話すときに多言語レパートリーを駆使している。リンガフランカとしての日本語を考えるときに、日本語だけにフォーカスを当てるのではなく、日本語使用者が中国語、インドネシア語、韓国語といったそれぞれの言語の境界を越えて意味交渉する能力や意思を見つめることが、実際の多言語環境のなかで日本語がどのようにつかわれているか──マルティリンガフランカとしての日本語──の研究につながっていく。

　その意味で、話者が日本語ではなく英語や中国語で話していても、話者のあいだで日本語の知識が共有されており、それが土台となってコミュニケーションが進んでいるのであれば、マルティリンガフランカの日本語の

研究対象となる。また、会話の参加者の大半が日本語母語話者であったとしても、非母語話者の提示した他言語リソースを活用し規範に縛られず日本語をつかっていれば、これもマルティリンガフランカの日本語として分析できる。さらにいえば日本語しか話せない日本人単言語話者が、母語話者規範に縛られずに日本語を相対化して話すことができるのかどうかこそ、多文化共生社会に資する研究課題となるだろう。

　このようにリンガフランカとしての英語から得られる示唆が豊富な一方、英語研究の理論をそのまま日本語研究に持ち込むことに批判的なまなざしがあってしかるべきだ。まず、英語は第二言語としてつかう人が母語話者より多く、アジアやアフリカで義務教育に組み込まれており、デジタルコミュニケーションの主要言語になっているが（Herring 2008; Hu et al. 2012; Internet World Stats 2019）、日本語は母語話者数が圧倒的に多く地理的にも集中している。また、話者数だけでなく、言語自体の差異も考慮されるべきだ。たとえば現在の日本語の表記システムは主に平仮名・片仮名という二つの音節文字と漢字という表語文字の組み合わせからなり、ローマ字が補助的に用いられる。英語と比較すると複雑な書き記し方が可能になっているが、日本語がリンガフランカとしてデジタルコミュニケーションにつかわれることを想定するのであれば、英語でなされてきた研究と異なった視点が必要となる。

　そして、上記のように数ある言語のなかから、英語だけを取り出して日本語と対照させることにどこまで正当性があるのかを検討する必要がある。たしかに日本語は英語と比較すると母語話者比率が高いが、東アジアの主要言語であるベトナム語、韓国語、広東語と比較して固有の特徴が見出せるわけではない。これらの言語も母語話者の数が非母語話者に比べ圧倒的に多く、使用地域も集中している。さらにいえば、これら主要言語より話者数が少ない数多くの言語では、母語話者の比率がきわめて高く、話される地域がより限定されている。近代化のなかで、それぞれの言語がたどってきた経緯は多様であり、英語がたどった道を他の言語もたどると

いう進化論的な論理展開は明らかに間違っている。日本語と英語を対照させ、世界で話される英語と、日本で話される日本語という二項対立を導くことこそが、現実にそぐわない言語イデオロギーといえる（Ostheider 2012）。次節ではリンガフランカとしての日本語を考えるため、日本語自体を対象として母語話者規範を批判的に分析してきた研究を参照する。

4. 大日本帝国の東亜共通語としての日本語

　母語話者の規範を離れた日本語についてなされてきた研究には、主に過去への反省と未来を見据えた展望の二つの展開がある。一方は歴史的な視点からの研究であり、日本語が軍国主義のもと19世紀終わりから20世紀前半にかけて近隣地域に強制された過去への反省を前提としている。もう一方は人口学的な視点からの研究であり、日本語を話す人々が将来的に母語の異なる多国籍な存在になることを考慮し、その現実に合わせた日本語使用を呼びかけている。

　日本語のたどってきた過去を内省する研究は「日本語」という漠然と共有された概念自体を問題化し、日本語をつかう人々の規範を問い返すことによって、母語話者と非母語話者の関係を脱構築する。日本語が「国語」という比較的均質な書記言語に裏づけられた共通語として形を成し広まってから、まだ100年ほどしかたっていない。近代国家形成過程で郵便や交通などの流通網、新聞や電信などのメディア文化、教育や軍備などの動員体制が整備されていくなか、「国語」はそれらの中央集権制度を日本列島全土で効率よく運営する単一の言語として概念化された（イ 1996; 安田 1997a, 1999; 長 1998）。1890年には「標準語」という言葉がつかわれるようになり（岡倉 1890）、上田萬年に代表される言語学者たちは国民精神が宿り各種方言に優越する「国語」を想定し、国家主義教育者・伊沢修二は忠君愛国の信念のもとにその「国語」を通して台湾の人々を帝国の臣民にしようと試みた（Tai 1999: 509-510）。大日本帝国は植民地化した台湾や朝鮮

に国民精神の宿った「国語」を強制する一方、進出先である満州や東南アジアでは日本精神の宿った日本語を「東亜共通語」として他民族の言語より優位であると位置づけた（安田 1997b: 89-94）。帝国の言語政策者たちは日本語の使用を公教育、公文書、官吏採用に組み込むことにより、近代を担う共通語としての「日本語」を他民族に押しつける一方、彼女／彼らの母語をないがしろにし、時に排除した[2]。

　上記の研究は「国語」教育が子どもたちの識字率を挙げ、言文一致が書き言葉を自国語化し意思疎通を改善したと礼賛する言説を、無批判な社会発展論として鋭く問いただす。リンガフランカとしての日本語を考察するうえで、「標準語」という概念が多様な方言への蔑視と偏見を前提としており、「国語」が外国人や多民族の言葉への無関心を醸成し、さらに軍事力を背景に広められた歴史的事実はきわめて重い。現代の日本語教育においても、学習者を日本や日本人へ同化させようとする日本事情教育や、母語話者・非母語話者教師のあいだに権力関係が存在することが批判的に指摘されている（川上 1999; 牲川 2012; 田中里奈 2013）。これらの研究は、日本精神、日本文化、母語話者、ネイティブなど社会的に構築された概念が、あたかも所与のものとして存在しているかのように教えられてしまう教育現場に警鐘を鳴らしている。

5.　日本国内におけるリンガフランカ使用

　もう一方の展開は未来を見据えており、日本語使用者の母語話者・非母語話者比率が将来変化していくことに注目している（宮崎ほか 2017）。日本には現在、総人口の2%を超える280万人以上の外国人が住んでおり、その数は7年連続で増加している[3]。技能実習生や留学生に加えて、医療や技術系の高い専門性を持った就労者も増えており、外国出身でありながら日本語をつかって労働し生活する人々が今後も日本国内で増加すると予想されている（法務省 2019a）。統計から判断すると近年は永住申請をする

人々が増えており、外国で生まれた人々がこれまで以上に日本へ中長期的に移住するようになっている[4]。

　日本に移住した外国出身者は日本語を日本語母語話者と話すためだけではなく、非母語話者同士でリンガフランカとしてつかうようになっている。たとえば、ブラジル人とタイ人が居酒屋（斎藤 2015: 51-52）でつかったり、中国朝鮮族出身者が空港免税店で外国人訪問客（ファン 2011: 47）につかってきたなどの報告があり、広く生活や仕事の場面で日本語がつかわれている。本書第4章では日本在住イスラム教徒が礼拝所の運営において日本語をつかう過程が示されており、日本語は宗教の場面でもリンガフランカとなっている。IT企業のオフィスや整備工場のフロアなど仕事の場、また韓国人、ブラジル人、ベトナム人など多国籍出身者が集住する地域の場、そして母語の異なる外国人同士が国際結婚した家庭の場で、日本語がリンガフランカとしてつかわれる風景が日常になっている。

　リンガフランカとしての日本語使用は教育現場でとくに顕著だ。教室にはアジア、欧州、北・南米などから母語の異なる学習者が集まっており、日本語は英語とともに彼女／彼らのリンガフランカとして役割を担っている。現在、日本には30万人近い留学生がおり、その大半は日本語をつかって科学や工学を学んだり、また日本語自体を勉強しており[5]、教室または教室を出た後も外国人同士で日本語をつかっている。彼女／彼らが日本語をつかう理由として、お互いの母語でない言葉を話す平等性（ファン 2011: 46）や、第二言語である英語でなく第三言語である日本語を積極的に選択する姿勢（Simic et al. 2007: 112-113）が指摘されている。また、学校機関以外で日本語を教える地域日本語教育の現場では、外国人同士が日本語で交流することの重要性が早くから提唱されてきた（西口 2006: 63）。2065年には日本に住む外国出身者数が1000万人を超え日本の全住民の12%に達すると予想されており（国立社会保障・人口問題研究所 2017; 是川 2018）、日本語は非母語話者同士がリンガフランカとしてつかうことによって、新たに創造され構築されていくだろう[6]。

このような日本語話者の変化に合わせた取り組みの一つが「やさしい日本語」だ（庵ほか 2013）。「やさしい日本語」は、1995年の阪神・淡路大震災時に、外国人在留者が日本語情報を理解できなかったため避難所にたどり着けなかったとする調査結果に基づき考案された（弘前大学人文学部社会言語学研究室 1999）。マスメディアだけでなくTwitterなどのソーシャルメディアで情報が過剰になるなか、デマやフェイクニュースを判別し、自分にとって有益な情報を選び取ることがきわめて困難になっている。「やさしい日本語」は災害時や非母語話者のコミュニケーションに資するだけでなく、日常時に母語話者が言い換えることによって相手によりよく伝えることを可能にし、お互いの理解に欠かせない取り組みといえる。

6. 海外の日本語教育と母語話者主義

　日本国内で母語が異なる人々が日本語をリンガフランカとしてつかう例を紹介したが、日本語は海外でもリンガフランカとして非母語話者同士のコミュニケーションにつかわれている。たとえば、香港ではAni-Com & Games Hong Kong（ACGHK）というアニメ、マンガ、ゲームをテーマにしたイベントが毎年開催されているが、参加者は香港だけではなく中国各地、台湾、マレーシアなどから集まり、そこでは日本語が広東語、北京語、英語とともにファンの交流につかわれている。日本発のポップカルチャーがグローバルな影響力を持っているため、アニメ、マンガ、ゲームのジャンルにおいては日本語から派生した単語や概念なしにはコミュニケーションが成り立たないほどだ。英語や中国語がつかわれている地域・文化圏を広くAnglosphereやSinosphereと呼ぶが、アニメ、マンガ、ゲーム世界の一部はJapanosphereといってもよいほど日本文化や日本語の影響が強い。このように日本語が海外で非母語話者につかわれていくことによって母語話者の規範を超えていく可能性があるのだろうか。

　現在、海外では約385万人の学習者が日本語を勉強しており（国際交流

基金 2019）、教育機関での学習を終え職場や生活で日本語をつかっている
人々を含めると、1000万人近い人々が日本語をつかって生活していると
考えられる[7]。日本語を学習する目的は、国際交流基金の調査によると
「マンガ・アニメ・J-POP・ファッション等への興味」が2015年度・2018
年度調査で最大となっており、ここでも日本発ポップカルチャーの影響が
強く示唆されている。

　日本研究者のMark McLellandは自己の学生・研究生活を振り返り、日
本のイメージが欧州・北米でどう変化したか論じている（McLelland 2016:
3-7）。1970年代・80年代には日本の経済力こそが魅力の源泉であり、トヨ
タやソニーが生産した日本車やウォークマンが学生を日本研究や日本語
に引きつけており、大学での講義科目も政治経済や歴史、文学に限られ
ていた。それが1990年代から徐々にポップカルチャーに移り変わってお
り、現在は海外日本研究者の多くが専門にかかわらずポップカルチャー関
係科目を教えるよう促されている。日本語学習者の多くがアニメ、マン
ガ、ゲームから触発されて勉強しており、彼女／彼らが話す日本語もそれ
らポップカルチャー作品の想像力を土台にしている（Fukunaga 2006; 熊野
2010）。このような学生側からの要望に応えて、日本語教育の現場でもア
ニメ、マンガ、ゲームなどを素材につかった授業実践が試みられており、
日本の国語教育に基づいた言語規範を揺るがすきっかけとなっている。一
方、学習機関における日本語教育には、学習者が日本に住む母語話者と話
すことだけを想定し、日本の国語教育を模範としている事例が存在する。

　世界の日本語教育はその国の言語環境・政策、民族の歴史的背景、そし
て移民政策等に影響されきわめて多様なため、ここでは2008年から筆者
が継続的にフィールドワークを行っている中国・上海の日本人移住者コ
ミュニティと、当該コミュニティに関わる日本語非母語話者から得た資料
をもとに検討する（Aoyama 2015; 青山 2019）。

　中国には100万人を超える世界最大の日本語学習者数がいるが（国際交
流基金 2019）、そのなかでも上海は日本との地理的近さ、日本企業の進出

数の多さを反映して日本語教育がとくに盛んな地域だ。上海の日本語教育の特徴として、初中等教育の学習者に比べ高等教育もしくは社会人の学習者が多いことが挙げられるが、大学で日本語を履修する学習者は、大別して4年間日本語を専門とする学生と、第二外国語として日本語を選択する学生に分けられる。それぞれ卒業時の到達度が異なるが、日本語専攻履修者と第二外国語履修者の学習内容は初級段階では共通しており、使用される教科書や担当する教員が同じで画一的である。教科書は中国で編纂された上海教育出版社『新編日語』や北京大学出版社『総合日語』などが「精読」と呼ばれる日本語課程の基幹科目でつかわれてきたが、その内容は日本の国語教科書と重複しており、日本の文学作品の読解が重視されている。非母語話者を対象としているにもかかわらず母語話者を対象とした国語教育の影響が強く、規範的な日本人の日本語・日本文化を理解することが目標とされている（田中 2015）。

　教員による指導に関しても、中国人教師による「日本は単一民族である」という発言（河野 2010）や、日本から派遣された高等学校国語科教諭による「日本人の心情をも理解するっていうところも必要になってくる」という発言（田中祐輔 2013）が指摘されている。日本人・日本文化を中国人・中国文化と二項対立で比較することによって両者を本質化し、前者が日本語教育においては正しい学習対象であると想定する規範意識が見出せる。筆者自身も、日本の高等学校で国語教員を務めた後に上海の復旦大学で2003年から2005年まで精読を担当したが、日本の国語教科書を用い文学や古典を教えるよう求められ、上海で学ぶ学習者が話す日本語の特性や、非母語話者同士が日本語で織りなす意味交渉に注目してこなかった。現在に至っても上海の高等教育では日本語母語話者を規範とする考え方が根強く、日本や香港の言語教育で批判されている母語話者主義が強固に存在しており（Hashimoto 2018; Nomura et al. 2018）、日本語母語話者が正しい日本語や日本語教育につながる日本文化を体現するというイデオロギーが教科書選定と教員採用の両面で再生産されている。

7. 日本国外におけるリンガフランカ使用

　このように教員や教科書は母語話者の日本語を唯一の学習対象とし、と
くに日本の国語教育を規範とする傾向があるが、学習者がその規範をその
まま受け入れているとはかぎらない。上海の大学では中国各地方からさま
ざまな方言を持つ学生が集まり学生寮に住んでいるが、日本語科の学生同
士は授業が終わった後も日本語をつかって交流する習慣がある[8]。大学内
での日本語使用を調査したところ、学生は寮内など日本人がいない場所で
も日本語をつかっており、習得した語彙が限られているため、中国語から
の翻訳である漢語表現を多用したり、共通知識である英語語彙を混ぜたり
してコミュニケーションをとっている。また学生は、日本語表現力不足の
ため言いたいことが言えないときは、携帯電話を取り出し調べたり、友人
に中国語で話して通訳してもらったりしていた。非母語話者が日本語をリ
ンガフランカとしてつかう例であり、母語話者主義に縛られている教育機
関のもとで学習を目的としてつかっているにもかかわらず、彼女／彼らの
言語実践は常に多言語要素を含み意味交渉が中心となっていた。この特徴
は会話参加者数や話題が変化しても共通していた。

　上海で日常的に日本語がつかわれている場所としては、学校以外に日本
企業と日本人コミュニティがある。日本企業の拠点数は2万3441社と世界
の都市のなかで最大の進出先となっており、2010年代初期には日本人長
期滞在者が一番多かった[9]。上海の日本企業内では日本語と標準中国語[10]
がつかい分けられており、日本人社員がいる場面では日本語、中国人社員
だけの場面は標準中国語という一般的なつかい分けがある。一方、実際は
中国人しかいなくても日本語がつかわれることが頻繁にあり、日本本社向
けの資料を共同作成しているときや、日本人が参加していた会議で日本人
が立ち去った後には、非母語話者だけで話し合っていても中国語に切り替
えることなく日本語が用いられることがある。また、上海の日本広告代理

店で働く上海出身者の女性と台北出身者の女性は会社内ではもちろん、外食時も日本語で話すと言った。上海出身者は大阪で6年の留学後に現在の会社の東京本社に就職し、そこで働いていた台北出身者に出会った。彼女たちは最初に日本語で話し始めたため、二人とも上海で働くようになった現在も日本語で話すようになっている[11]。

　中国の日本企業で非母語話者同士がつかう日本語を考察するときには、そこに潜む権力性への注意が必要だ。言語習得をトランスナショナルな文化資産とする管理学的アプローチから捉えれば、非母語話者が主体的に日本語を選択しているとなるが、言語を支配と管理の構築物とする批判的文化アプローチから分析するとすれば、日本語が強制されている可能性も捨てきれない（Kubota 2013; Zheng et al. 2018）。日本企業内では日本語だけの単言語話者である日本人駐在員が支配的地位にあり、現地語能力や多言語能力が十分に評価されてこなかった経緯がある。

　1980年代の日本企業進出開始から2000年代まで、日本人駐在員は中国人社員や日本人現地採用者に翻訳や通訳の仕事を任せてきており、それら言語業務は主要ではなく補助的作業と考えられてきた。現地語能力は海外で業務を遂行するために必須であるにもかかわらず、補助的なツールでしかなく専門知識と捉えられてこなかった（久保田 2015; 青山 2019）。多くの場合、単言語話者であった男性日本人駐在員は雇用が安定しており福利厚生に守られ、現地中国人社員や女性日本人現地採用者は雇用が不安定で福利厚生がないという、国籍やジェンダーを基準とした待遇上の差別が厳然と存在してきた（Ben-Ari et al. 2000; Aoyama 2015）。日本語が支配的な言語としてつかわれる職場において、グローバル化言説のもとに日本語が社員に押しつけられるのであれば、そこで非母語話者が日本語習得にあらがう余地があるのか、現地語をつかいアイデンティティを保つことができるのか等の論点が、母語話者規範から離れた日本語使用の可能性とともに焦点となる。

　一方、上海に住む日本語母語話者の環境も急速に多言語化しつつある

（福田ほか 2013）。日本人コミュニティは1980年代からの日本企業進出とともに形成され、かつては仕事や買い物から教育まですべて日本語だけで事足りる言語的に現地から隔絶された社会であったが、現在は日本人現地採用者だけでなく駐在員やその配偶者も中国語習得に熱心であり、子女に中国語や英語の多言語教育を受けさせようとしている。上海日本人学校は生徒の多くが帰国を企図していたために、日本の公立学校の制度に準拠し同じ教科書を用いており、日本語母語話者規範が強かった。

　一方でその指導方針として「中国の言語・習慣に学ぶ、将来的に友好の架け橋となる心情を備えた児童生徒育成に努める」と表明しており、中国という場所で教育することに意義を見出してもいる。最近はチャリティーバザーやボランティア活動など近隣住民と中国語で触れ合う多言語・多文化教育活動が企図されつつある（小柴 2019）。滞在年数の長い子女や中国にルーツを持つ子女の増加もあり、彼女／彼らの進路先も国際化している（井田 2015）。

　海外に移住した日本人の言語変化や日本語変種に関しては、ハワイの日系人（Hiramoto et al. 2013）やブラジルの日系人（中東 2014; 山下 2007）を対象とした重厚な研究が積み重ねられている。戦後、上海に日本人が大規模に移住者するようになってからまだ30年ほどだが、日本人移住者やその子女が中国語を第二言語としてつかい始め、日中バイリンガルとなり、世代を経て日本語が第二言語となっていく過程を今後たどるのだろうか。そのなかで、日本人コミュニティの中核をなす日本企業や日本人学校で母語話者規範がどのように作用するか、永住権取得が難しく二重国籍が認められない制度のもと国際結婚家庭が多言語環境を保てるのか等、上記の研究との比較検討が課題となる。

8. リンガフランカとしての日本語の理念に基づく言語教育

　ここまで中国・上海でつかわれる日本語を見てきたが、日本語使用は対

面場面だけでなくインターネット上でも広がりを見せている。リンガフランカとしての英語研究は境界を越えたオンラインでの意味交渉に注目してきたが、日本語も非母語話者同士のオンラインコミュニケーションで活用されている。

　BiliBiliという中国の動画共有サイトはユーザーによる弾幕コメントを表示することを特徴としているが、そこでは「這个振付超赞OVO」のような中国語・日本語・顔文字の混用、「姐姐sama」のような日本語由来のローマ字の使用、「神のBGM」のような平仮名使用が行われ、漢字という日中の共有文字を基盤とした多言語レパートリーが活用されている（Zhang 2020）。この例は、中国語話者が日本語だけでコミュニケーションしているわけではないが、日本語知識が土台として共有されていることで意味生成がなされており、マルティリンガフランカとして日本語がつかわれている好例といえる。このような書き言葉による国境を超えた意味生成は、漢文を用いた筆談が19世紀まで東アジア知識人のリンガフランカであった歴史的事実を射程に入れて考察されるべきだ（Clements 2019; Li et al. 2020）。漢字という表語文字はラテンアルファベットのような表音文字と異なり、発音を共有することなく意味を伝達してきた。BiliBiliにおける境界を越えたオンラインでの言語実践から私たちは、「中国語」や「日本語」を一つの完全に切り離された言語とする考え方が近代に構築された国家と領土を基準とした言語観にすぎないことを再確認することができる。

　英語が世界中に多様な非母語話者を抱えることによって、英米などの内心円を超えたWorld Englishesという変種を生み出し、非母語話者同士のコミュニケーションにつかわれているように、日本語も日本列島を超えてつかわれ、非母語話者同士のコミュニケーションに資することによって母語話者規範を離れ多様化する。リンガフランカとしての日本語研究はまず、20世紀前半に他民族や外国人に日本語が強制された過去を振り返り、母語話者規範と言語帝国主義——支配的な言語が軍事力や経済力を背景に他言語の話者に課されること——が地続きであることを念頭に置く必要が

ある。そのうえで、リンガフランカとしての英語研究が英語へのフォーカスゆえに話者の多言語実践を後景化した失敗から学び、非母語話者がつかう日本語だけにフォーカスするのではなく、非母語話者と母語話者の双方が多言語環境に身を置きながら成し遂げる意味交渉にこそ注目すべきだ。

　たとえば、日本国内においては移住者への日本語教育が第一の課題として挙げられるが、移住者が自身の母語で市民生活を営み社会参加・政治参加できる途が保たれるべきであり、地方自治体だけでなく国政でも行政サービスを多言語で提供することが求められる（Gottlieb 2018; Otomo 2019）。また企業においても、英語や中国語のように話者数が多く市場価値が認められやすい言語だけを能力として認めるのではなく、話者数の少ない言語が社内の多言語・多文化共生に貢献しコミュニケーションを豊かにしていると正当に認識されるべきであり、報酬を伴う能力・技術として評価する仕組みづくりが求められる。

　日本国外では、大学や日本語学校などの外国人を対象とした教育機関、そして日本人学校・日本語補習校など継承語教育を目的とした機関で日本語が教えられているが、そこで「日本語」「日本文化」「日本人」というそれぞれの概念が無意識に同一化・本質化されることによって母語話者規範が再生産されてしまう。日本語という言葉を教えるときにその学習内容を日本文化にする必要はなく、ベトナム文化や韓国ポップカルチャーにすることによって、現地の学習者の既存知識を活かした教育が可能となり、よりよい言語学習効果が得られるだろう。

　日本語を話す誰もが、母語話者だけが正しい日本語・日本文化を体現するというイデオロギーを批判的に見返し、さらに実際に母語話者が非母語話者とともに「リンガフランカとしての日本語」を習うことによって、他者の多言語・多文化背景を尊重する機会が生まれるのではないだろうか。

■付記

本稿は香港理工大学の研究助成（プロジェクトID：P0009591助成機関認識番号PolyU

256062/17H）の成果物の一つである。また、多忙のなか拙文を読んでくださり貴重な御指摘をくださった齋藤誠先生、西村英希先生、明石智子先生に深く感謝したい。

■ 注記

(1) 英語のリンガフランカ・コミュニケーションは英語第二言語話者同士のコミュニケーションを想定しているが、母語話者が参与したコミュニケーションが研究の対象から必ずしも排除されるわけではない（Seidlhofer 2011: 146; Jenkins 2015: 56-57）。

(2) 一方、台湾では少数民族の言語や中国語系方言が多様であるため、現在も日本語がリンガフランカとしてつかわれている（簡, 真田 2011）。

(3) 1980年の統計では78万2910人（外国人登録者数）と人口のわずか0.67％であり、この40年間緩やかな増加傾向にあった（法務省 2019b）。

(4) 高度技術を持った熟練労働者には永住の途が開かれているが、非熟練労働者に分類された技能実習生は開発途上国への国際協力が目的とされ帰国が前提となっており、その過酷な労働条件が問題となっている。2019年4月1日より「特定技能」での外国人材受け入れが可能となったが、家族帯同が認められる特定技能2号は2分野（建設、造船・舶用工業）にしか適用されておらず、実際には長期的な移住を企図することが制度的に難しい。

(5) 2018年度の留学生総数は29万8980人（日本学生支援機構 2018）であり、1978年のわずか5849人（日本語教育機関学習者数を含まない）から長期増加傾向にある。政策の変化、査証の発給、世界経済の循環によって増減の波があり、2020年は新型コロナウイルスの影響で減少が見込まれるだろう。

(6) Brumfitは英語使用者全体において母語話者が少数派になっており、実際に言語変化、言語維持、言語に関わるイデオロギーや信念においても少数派だと述べているが（Brumfit 2001: 116）、日本語非母語話者がどの程度、日本語の言語変化や言語イデオロギーを担っているかについての研究が求められる。

(7) 海外で日本語を話せる人の総計を求めるのは困難だが、日本語学習者、日本語既修者、海外在留邦人、そして日本国籍を保持していない日系人をすべて含めればさらに大きな数になる。

(8) 2019年9月から2020年1月にかけて上海の大学日本語専攻3年生25人に教室以外での日本語使用に関し聞き取り調査を行った。学生の出身地は上海が9人、江蘇省が4人、浙江省が3人、福建省が3人、安徽省が2人、四川省2人、河北省2人であった。

25人中18人の学生から寮内や食堂で日本語専攻学生だけになると日本語をつかうようにしているとの回答があった。一方、他専攻の学生が会話に参加しているときは標準中国語をつかい、上海出身者だけになると上海語をつかうなど、会話参加者によってさまざまな言語がつかい分けられており、会話参加者が同じでも、話題や場面によって言語が変化する。

(9)　長期滞在者とは永住権を所持しない日本人移住者のこと。中国では外国人が永住権を取ることがきわめて難しく、永住権を保持した日本国籍者の割合がロサンゼルスやニューヨークなどと比較するときわめて少ない。また2015年以降は長期滞在者の数においてもバンコクが上回っている。

(10)　中国大陸全土でつかわれる共通語・普通話を指す。

(11)　彼女らは必ず日本語をつかうわけではなく、他の同僚が参加したときや、話題が中国のニュースであれば標準中国語に切り替えている。日本語での会話が選択肢の一つとなっている、マルティリンガフランカとしての日本語使用といえる。

■引用・参考文献

青山玲二郎（2019）.『東亜跨国自我認同：当代在華日本人社会的人類学研究』復旦大学出版社.

庵功雄・イ ヨンスク・森篤嗣（2013）.『「やさしい日本語」は何を目指すか：多文化共生社会を実現するために』ココ出版.

井田頼子（2015）.「上海日本人学校高等部におけるトランスナショナルな進路選択：アジアの国際化と日本の大学入試が生徒に及ぼす影響」『東京大学大学院教育学研究科紀要』55, 51-60.

イ ヨンスク（1996）.『「国語」という思想：近代日本の言語意識』岩波書店.

岡倉由三郎（1890）.『日本語学一斑』明治義会.

長志珠絵（1998）.『近代日本と国語ナショナリズム』吉川弘文館.

外務省（2019）.「海外在留邦人数調査統計」. https://www.mofa.go.jp/mofaj/toko/page22_000043.html（2019年12月11日閲覧）

加藤聖文（2009）.『「大日本帝国」崩壊：東アジアの1945年』中央公論新社.

川上郁雄（1999）.「『日本事情』教育における文化の問題」『21世紀の「日本事情」：日本語教育から文化リテラシーへ』創刊号, 16-26.

簡月真（著），真田信治（監修）（2011）.『台湾に渡った日本語の現在：リンガフランカとしての姿』明治書院.

久保田竜子（2015）.「アジアにおける日系企業駐在員の言語選択：英語能力至上主義への疑問」（特集：アジアのリンガフランカ）『ことばと社会：多言語社会研究』17, 81-106.

熊野七絵（2010）.「日本語学習者とアニメ・マンガ：聞き取り調査結果から見える現状とニーズ」『広島大学留学生センター紀要』20, 89-103.

厚生省援護局（1977）.『引揚げと援護三十年の歩み』.

河野理恵（2010）.「中国の大学における日本文化に関する授業の現状：上海の大学の調査から」『一橋大学国際教育センター紀要』1, 57-66.

国際交流基金（2019）.「2018年度海外日本語教育機関調査」. https://www.jpf.go.jp/j/about/press/2019/029.html（2019年11月4日閲覧）

国立社会保障・人口問題研究所（2017）.「日本の将来推計人口（平成29年推計）」. http://www.ipss.go.jp/pp-zenkoku/j/zenkoku2017/pp_zenkoku2017.asp（2019年11月4日閲覧）

小柴裕子（2019）.「在中日本ルーツの生徒における異文化接触に関する意識調査：上海日本人学校の事例から」『日本語・日本文化』46, 97-113.

小島勝（2001）.「上海日本人学校の今昔」『アジア遊学』33, 112-119.

是川夕（2018）.「日本における国際人口移動転換とその中長期的展望：日本特殊論を超えて」『移民政策研究』10, 13-28.

斎藤敬太（2015）.「ブラジル人集住地域のリンガフランカ：群馬県大泉町と三重県伊賀市の比較」『日本語研究』35, 43-57.

JASSO（2018）.「独立行政法人日本学生支援機構平成30年度外国人留学生在籍状況調査結果」. https://www.jasso.go.jp/sp/about/statistics/intl_student_e/2018/index.html（2019年12月11日閲覧）

牲川波都季（2012）.『戦後日本語教育学とナショナリズム：「思考様式言説」に見る包摂と差異化の理論』くろしお出版.

高綱博文（2009）.『「国際都市」上海のなかの日本人』研文出版.

髙橋美奈子・谷部弘子・本田明子（2017）.「第三者言語接触場面におけるスピーチレベルシフトの機能」『ことば』38, 46-62.

髙橋美奈子・谷部弘子・本田明子（2019）.「日本語学習者にみられる日本語のジェンダー規範意識」『ことば』40, 72-89.

田中祐輔（2013）.「中国の大学専攻日本語教科書の現代史：国語志向と文学思想」『言語文化教育研究』11, 70-94.

190

田中祐輔（2015）．『現代中国の日本語教育史：大学専攻教育と教科書をめぐって』国書刊行会．

田中里奈（2013）．「日本語教育における『ネイティブ』／『ノンネイティブ』概念：言語学研究および言語教育における関連文献のレビューから」『言語文化教育研究』11, 95-111.

中東靖恵（2014）．「日本語の攻防 他言語と日本語 ブラジル語と日本語：日系人のことば」『日本語学』33(1), 86-95.

西口光一（2006）．「在住外国人は日本社会への新メンバーか：地域日本語支援活動のあり方の再検討」『多文化社会と留学生交流：大阪大学留学生センター研究論集』10, 61-64.

弘前大学人文学部社会言語学研究室（1999）．「『やさしい日本語』ができるまで」．http://human.cc.hirosaki-u.ac.jp/kokugo/EJ4dekirumade.htm（2019年12月8日閲覧）

ファン・サウクエン（1999）．「非母語話者同士の日本語会話における言語問題」（特集：日本の言語問題）『社会言語科学』2(1), 37-48.

ファン・サウクエン（2011）．「第三者言語接触場面と日本語教育の可能性」『日本語教育』150, 42-55.

福田えり・古谷知之・島田徳子・岩本綾・王雪萍・福田牧子・平高史也（2013）．「上海在住の駐在員配偶者の言語生活に関する考察」『慶應義塾外国語教育研究』10, 1-22.

法務省（2019a）．「出入国在留管理をめぐる近年の状況」『2019年版「出入国在留管理」日本語版』．http://www.moj.go.jp/nyuukokukanri/kouhou/nyuukokukanri06_01127.html（2019年12月22日閲覧）

法務省（2019b）．「令和元年6月末現在における在留外国人数について」．http://www.moj.go.jp/nyuukokukanri/kouhou/nyuukokukanri04_00083.html（2019年12月24日）

宮崎里司・杉野俊子（2017）．『グローバル化と言語政策：サスティナブルな共生社会・言語教育の構築に向けて』明石書店．

安田敏朗（1997a）．『帝国日本の言語編制』世織書房．

安田敏朗（1997b）．「『国語』・『日本語』・『東亜共通語』：帝国日本の言語編制・試論」『人文学報』80, 79-107.

安田敏朗（1999）．『〈国語〉と〈方言〉のあいだ：言語構築の政治学』人文書院．

山下暁美（2007）．『海外の日本語の新しい言語秩序：日系ブラジル・日系アメリカ人社会における日本語による敬意表現』三元社．

Adler, M. (1977). *Pidgins, creoles and lingua francas: A sociolinguistic study*. Hamburg: Buske.

Aoyama, R. (2015). Nostalgic migration: Factors behind recent Japanese migration to Shanghai. In S. R. Nagy (Ed.) *Japan's demographic revival: Rethinking migration, identity and sociocultural norms* (pp.179-218). Singapore: World Scientific.

Arends, J., Muysken, P. & Smith, N. (Eds.) (1995). *Pidgins and Creoles: An introduction*. Amsterdam: Benjamins.

Befu, H. & Guichard-Anguis, S. (2003). *Globalizing Japan: Ethnography of the Japanese presence in Asia, Europe, and America*. London: Routledge.

Ben-Ari, E. & Yong, Y. F. V. (2000). Twice marginalized: Single Japanese female expatriates in Singapore. In E. Ben-Ari & J. Clammer (Eds.) *Japan in Singapore: Cultural occurrences and cultural flows* (pp. 82-111). London: Routledge.

Brosch, C. (2015). On the conceptual history of the term lingua franca. Apples. *Journal of Applied Language Studies*, 9(1), 71-85.

Brumfit, C. (2001). *Individual freedom in language teaching: Language education and applied linguistics*. Oxford: Oxford University Press.

Canagarajah, S. (2009). The plurilingual tradition and the English language in South Asia. *AILA Review*, 22(1), 5-22.

Clements, R. (2019). Brush talk as the 'Lingua Franca' of Diplomacy in Japanese-Korean encounters c. 1600–1868. *The Historical Journal*, 62(2), 289-309.

Coleman, J. A. (2006). English-medium teaching in European higher education. *Language Teaching*, 39(1), 1-14.

Ethnologue, 22nd edition (2019). https://www.ethnologue.com/ethnoblog/gary-simons/welcome-22nd-edition (accessed December 12, 2019.)

Fukunaga, N. (2006). "Those anime students": Foreign language literacy development through Japanese popular culture. *Journal of Adolescent and Adult Literacy*, 50(3), 206-222.

García, O. & Wei, L. (2014). Translanguaging and education. In *Translanguaging: Language, bilingualism and education* (pp.63-77). London: Palgrave Macmillan.

Gnutzmann, C. (2000). Lingua franca. In M. Byram (Ed.) *The Routledge encyclopedia of language teaching and learning* (pp. 356-359). London: Routledge.

Gottlieb, N. (2018). Multilingual information for foreign residents in Japan: A survey of government initiatives. *International Journal of the Sociology of Language*, 251, 131-149.

Hashimoto, K. (2018). Native-speakerism in Japanese language teaching for foreigners and English language teaching for Japanese nationals. In S. A. Houghton, D. J. Rivers & K. Hashimoto (Eds.) *Beyond native-speakerism: Current explorations and future visions* (pp. 147-157). London: Routledge.

Herring, S. C. (2008). Language and the Internet. In W. Donsbach (Ed.) *International Encyclopedia of Communication* (pp. 2640–2645). Oxford: Blackwell Publishers.

Hiramoto, M. & Asahi, Y. (2013). Pronoun usage of Japanese plantation immigrants in Hawai'i. *NINJAL Research Papers*, 6, 19-28.

Hu, G. & McKay, S. L. (2012). English language education in East Asia: Some recent developments. *Journal of Multilingual and Multicultural Development*, 33(4), 345-362.

Ishikawa, T. & Jenkins, J. (2019). What is ELF? Introductory questions and answers for ELT professionals. *The Center for ELF Journal*, 5, 1-10.

Ishikawa, T. (2017). Conceptualising English as a global contact language. *Englishes in Practice*, 4(2), 31-49.

Internet World Stats (2019). Internet world users by language. Miniwatts Marketing Group. https://www.internetworldstats.com/stats7.htm (accessed April 30, 2019.)

Jenkins, J. (1996). Native speaker, non-native speaker and English as a foreign language: Time for a change. *IATEFL Newsletter*, 131, 10-11.

Jenkins, J. (2009). *World Englishes 2nd ed.* London: Routledge.

Jenkins, J. (2015). Repositioning English and multilingualism in English as a lingua franca. *Englishes in Practice*, 2(3), 49-85.

Kachru, B. B. (1965). The Indianness in Indian English. *Word*, 21(3), 391-410.

Kachru, B. B. (1992). World Englishes: Approaches, issues and resources. *Language Teaching*, 25(1), 1-14.

Kirkpatrick, A. (2007). *World Englishes paperback with audio CD: Implications for international communication and English language teaching*. Cambridge: Cambridge University Press.

Kubota, R. (2013). 'Language is only a tool': Japanese expatriates working in China and implications for language teaching. *Multilingual Education*, 3(1), 1-20.

Kumaramangalam, S. M. (1968). Link language for India. *Economic and Political Weekly*, 3(13), 527-530.

Li, D. C., Aoyama, R., & Wong, T. S. (2020). Silent conversation through Brushtalk (筆談): The use of Sinitic as a scripta franca in early modern East Asia. *Global Chinese*, 6(1), 1-24.

McLelland, M. (Ed.) (2016). *The end of Cool Japan: Ethical, legal, and cultural challenges to*

Japanese popular culture. London: Routledge.

Nomura, K. & Mochizuki, T. (2018). Native-speakerism perceived by "non-native-speaking" teachers of Japanese in Hong Kong. In S. A. Houghton & K. Hashimoto (Eds.) *Towards post-native-speakerism* (pp.79-95). Singapore: Springer.

Ostheider, T. (2012). From "foreign" language education to plurilingualism: Challenges for language education policy in a multilingual Japan. *Journal of Social Sciences*, 8(1), 109-115.

Otomo, R. (2019). Language and migration. In P. Heinrich & Y. Ohara (Eds.) *Routledge handbook of Japanese sociolinguistics* (pp. 91-109). London: Routledge.

Pennycook, A. & Otsuji, E. (2015). *Metrolingualism: Language in the city*. London: Routledge.

Pullin, P. (2015). Culture, curriculum design, syllabus and course development in the light of BELF. *Journal of English as a Lingua Franca*, 4(1), 31-53.

Seidlhofer, B. (2004). Research perspectives on teaching English as lingua franca. *Annual Review of Applied Linguistics*, 24, 209-239.

Seidlhofer, B. (2009). Common ground and different realities: World Englishes and English as a lingua franca. *World Englishes*, 28(2), 236-245.

Seidlhofer, B. (2011). *Understanding English as a Lingua Franca*. Oxford: Oxford University Press.

Seidlhofer, B. & Jenkins, J. (2003). English as a lingua franca and the politics of property. In C. Mair (Ed.) *The politics of English as a world language: New horizons in postcolonial cultural studies* (pp.139-154). Amsterdam: Rodopi.

Simic, M., Tanaka, T. & Yashima, T. (2007). Willingness to communicate in Japanese as a third language among international students in Japan. *Multicultural Relations*, 4, 101-122.

Tai, E. (1999). Kokugo and colonial education in Taiwan. *Positions: East Aasia Cultures Critique*, 7(2), 503-540.

Zhang, Y. (2020). Adopting Japanese in a popular Chinese video-sharing website: Heteroglossic and multilingual communication by online users of Bilibili. com. *International Multilingual Research Journal*, 14(1), 20-40.

Zheng, Y. & Smith, C. (2018). 'Chicken and Duck Talk': Life and death of language training at a Japanese multinational in China. *Work, Employment and Society*, 32(5), 887-905.

ポストパンデミック時代の
オンライン授業と言語教育

デジタルディバイドと視線の不一致が
もたらす課題

青山玲二郎

1. 同時双方向型オンライン授業への移行

　本書の企画は2018年に香港理工大学で開催された第12回国際日本語教育・日本研究シンポジウムから生まれた。シンポジウムは教室・教材のICT化や学習者のスマートフォン利用など言語教育における技術変化をテーマの一つとしたが、新型コロナウイルス感染症による現在の状況は言語学習者・教育者にとって想像を超える激しい変化であり、時に痛みを伴うものであった。

　2020年5月現在、世界中で数多くの大学がキャンパスに学生を集めることができなくなり、臨時休校に追い込まれ、なし崩し的にオンライン教育に移行せざるをえなくなっている。香港の大学は民主化デモとコロナ禍への早期対応により、2019年11月から現在に至るまで、すでに半年にわたりオンライン授業を代替手段として導入している。日本や欧米の大学より早めに移行したので、オンライン授業が高等教育における言語教育にどのような問題をもたらすか、「デジタルディバイド」と「視線」の観点からこれまでの経験を共有したい。

　香港理工大学は昨年11月からZoomのようなコミュニケーションソフトウェア、Microsoft Teamsのようなコラボレーションプラットフォーム、Blackboard Collaborateのような学習管理システムに関するセミナーを頻繁に開催した。全教員がそれぞれの操作方法、許容参加者数、安全性、香港域外にいる学生との通信状況などを1、2週間というきわめて短期間で習得し、いかに学生とのインタラクティブな授業を達成するか、オンラインでも公平な評価方法を見出すか、学院・学部別で話し合ってきた。

　非常事態下においてオンライン教育は驚くほどの成果を挙げ、私が所属する学部は全科目を例年どおり開講した。教員は講義を録画してアップロードし、オンラインで学生を小グループに分け討論させ、投票機能をつかいアンケートを実施した。学生はチャット機能をつかい活発に授業に参

加し、理解度を各種アイコンで示し、映像を取り入れたマルチモーダルな
オンライン発表をした。コロナ禍によるキャンパス閉鎖がインターネット
やデバイスの整っていない2000年以前に起こっていたら、教員と学生は
電話や手紙に頼らざるをえず、コミュニケーションの頻度や即応性が極端
に制限されただろう。それを考えれば、授業が継続できたこと自体が一つ
の達成といえる。

　しかしオンライン授業は、これまでの教室をつかった教育を十全に代替
できたのだろうか。何が変化し誰が困っているのだろうか。教育における
オンライン利用は、教員がデジタル教材をアップロードし学生が都合のよ
いときにダウンロードする「非同時性」のつかい方と、教員と学生が同
じ時間にコミュニケーションをとる「同時性」のつかい方に大別できる。
「非同時性」のつかい方は以前から教室外学習を促すために利用されてき
ており、教室がつかえなくなって焦点が当たったのは、教員と学生がイン
ターネットに同時に接続しコミュニケーションをとる同時双方向型オンラ
イン授業だろう。

　同時双方向型オンライン授業では、教員と学生がそれぞれ自宅にいるに
もかかわらず、まるで教室にいるかのようにお互いの顔を見て授業活動を
行うことができる。大学に通う時間が省け効率的なのは間違いないが、困
難に直面した学生が取り残されており、コミュニケーションの仕方にも本
質的な変化が現れている。

2.　デジタルディバイドにより閉じ込められる学生

　まずは「デジタルディバイド」の問題だ。オンライン授業は学生の側
に、①機材、②インターネット接続、そして③学習に適した場所を要求す
る。カメラ・マイク・コンピュータなどデバイスの問題は学校側からの配
布で将来的に解決できたとしても、全学生の自宅に一定のインターネット
通信速度を保障するのはハードルが高い。今回のコロナ禍で香港に来るこ

とができなかった南アジアや欧米の学生は、不安定な通信速度に苦しんでいた。音声のタイムラグやハウリング、映像の一時停止によってコミュニケーションが途切れ途切れになっている様子を見るにつけ、彼女／彼らのもどかしさが伝わってきて教員として悔しい思いをした。

　言語教育では適切な応答やスムーズな発話が目指されるが、誰かの通信が途切れそうになったときには、発話が届くのに時間がかかっても忍耐強く待ち、聞こえたか聞こえなかったかを常に確認し、回線が切れてしまった学生には回復後に必ず声をかけるなど、教員や学生仲間がお互いの通信環境をおもんばかる必要がある。当然、負荷の重い映像／音声から負荷の軽いテキストチャットに切り替えたり、同時双方向コミュニケーションをあきらめ後日メールで連絡したりするなど、学生の通信環境に合わせた伝達手段を模索することが前提となる。

　学生にとって学習に適した場所を確保することは至難だ。香港では狭い住居スペースに何世代もの家族が一緒に暮らしている。学生のカメラには部屋を共有している兄弟姉妹が映り込んだり、マイクから幼児の泣き声が聞こえたりすることがあった。自宅では授業を受けることが難しくスターバックスで毎回受講するという学生もいた。

　リモートワークが従来のワークライフバランスの維持を難しくするように、オンライン授業は学生の個人的空間に学校が侵入することになる。自室にいても常に見られている気がしてリラックスできなくなったという学生もいた。Zoomなどのツールに安全性やプライバシーへの懸念があることを考慮すれば問題はより深刻となる。学生自身が学校生活と家庭生活の境界を自分でコントロールできるよう、大学はキャンパスにオンライン授業を受講するスペースを開放し、授業の映像や音声が授業目的以外に利用されないよう指針を設けるべきだろう。

　言語教育では聞く、話す、読む、書くの4技能向上を図るため、学生がマイクとカメラに接続していたほうが教育活動の範囲が広がる。しかし上記のような学生の個人的環境に配慮すると、必ずしもマイクやカメラへの

接続を全学生に要請することはできない。その結果、同時相互的なオンライン授業であっても、教員だけが顔を出して話し、学生の大半はテキストチャットで反応を示すことが多くなる。学生のアウトプットが「話す」から「書く」にシフトした場合に言語教育はどのように変わっていくのだろうか。話し言葉と書き言葉のバランスを教育目標としてどう設定すべきなのだろうか。またテキストチャットでの即応的なコミュニケーションに秀でた学生と、作文や手紙など時間をかけて推敲する書き言葉が得意な学生がいた場合、これら異なる書記能力をどう評価すべきなのか、数多くの課題が浮き彫りになった。「話すように書く」テキストチャットで、音節文字である仮名と表語文字である漢字を瞬時に選択変換し自己アイデンティティを表現する能力が、日本語教育でより重要な位置を占めるのだろうか。

3.　視線の不一致がもたらす平板な緊張

　二つ目の問題は「視線」の不一致だ。オンライン授業では話している相手と目が合わない。私たちはスクリーンを見て話しておりカメラを見て話さない、そのため原理的に話し相手と目が合うことはない。目が合わない違和感は一対一のコミュニケーションよりも多人数授業時に生じる。一対一では相手の顔を見て話すのでそれほど不自然に感じないが、多人数に向かって授業をしていると自分が誰に向かって話しているのかわからない不安に駆られる。スクリーンには学生や自分の顔が平面に羅列され奥行きなく並べられており、皆の顔はスクリーンを見ている。誰か特定の学生の顔を見て話すのではなくスクリーン全体に向かって話すことになり、誰とも目が合わない。たとえスクリーンに映る自分の顔を見たとしても、鏡とは異なりそこに映し出されている自分とは目が合わない。

　学生の立場に立っても、スクリーンに映し出されている教員と目が合うことはない。教員が自分を含む全員を見ていることはわかるが、実際に誰

に視線を向けているのかはわからない。たとえ教員が自分の顔を見ていたとしても、目が合わないので見られていることがわからない。多人数の顔が映し出されるオンライン授業では、誰もがスクリーンという全体を見ていて、誰もが誰かを見ているわけではなくなる。

目が合わなくてもお互いの表情は見えているので、オンライン授業に慣れれば教室と同じようなコミュニケーションがとれると言う人もいるだろう。しかし私は、話し手の視線が追えなくなることが講義の仕方やコミュニケーションのとり方を本質的に変えると考える。とくに言語教育のクラスでは、学生の発話を促し会話を紡ぎ出すインタラクティブな教室活動が行われてきたが、そこではお互いがお互いの視線を認識していることが自然の合図となってきた。

たとえば教室で教員が1人の学生の質問に答えるとき、質問した学生のほうを向いて答え始めて、次第にその周りの学生に向けて話し、最後にクラス全体に向けて話すように段階をつけることがある。しかしオンライン授業では、教員は全体に向けて話すか、1人の学生に向けて話すかを機能で選択することになる。私たちが教室で行っているのは、話す対象を全体か1人か選ぶことではなく、「次第に」話す対象を変える流動性のあるコミュニケーションだ。このコミュニケーションは、話し手の視線が誰に向かっているかを全員が把握することによって成り立っている。

教員は視線を1人、数人、クラス全体と変えていくうちに、学生の目や表情から反応を探り、話す内容を少しずつ変え、新たな質問や発話が生まれるようにきっかけを創る。学生は教員の視線を手がかりに、発話内容が自分に向けられているのか、それとも向けられていないのかを即座に判断したうえで、新たな質問をしたり、話題を提供したりする機会をつかむ。

このように書くと複雑だが、多人数で話しているときには誰もが話し手の視線を手がかりとして会話に入る機会を見つけている。また話し手は自分の視線が手がかりとなっていることを意識したうえで、答えてもらいたい人のほうを向き、その人の目を見て話す内容を変える。オンライン授業

では、教員・学生ともにお互いの視線が見えなくなるので、話す対象を次第に変えていく様子が伝えられなくなっている。学生は教員の視線が見えないため、教員の発話が常に自分に向けられていると感じると同時に、常に向けられていないと感じる。オンライン授業では視線による緩急のメリハリが消失し、「平板な緊張」だけが残る。

4.　情報技術の主体的選択

　出会って話すときと電話で話すときに話し方が変わるように、メディアが変わればつかわれる言葉が変わり、その言葉の教え方が変わるのは当然だ。しかし、オンライン授業という方法が私たちのコミュニケーションをどう変えていくのかに自覚的でありたい。オンラインコミュニケーションでは、視線以外の何を手がかりにして会話に入っていくべきなのか、どのように話せば話している対象を絞ることができるのか、などが言語教育で研究すべき課題となるだろう。相槌やフィラーの代わりに手の動作で注目を集めたり、話し始めるときに伝えたい人たちの名前を呼んだりなど創造的な注意喚起方法に注視したい。

　今後、新型コロナウイルス感染症がどのように抑え込まれていくのか、今の段階で予測することはできない。私たちが再び以前のように教室に戻れるのか、それともオンライン授業が対面授業を補完するようになるのか、判断が難しい。情報技術の革新は言語教育に恩恵をもたらしてきたが、パンデミックによる技術変化を無批判・無抵抗に受け入れるのではなく、どのようなオンラインツールをつかうのか、なぜつかうのか、その結果、誰が取り残されてしまい、誰が閉じ込めれてしまうのか、十分に配慮したうえで主体的に選択していければと考えている。外国への旅行、留学、インターンシップ、そして移住のハードルが上がるなか、学習者の多言語環境をどう守るのか、そのために情報技術をどう駆使するのか、私たち言語教育者に工夫が求められている。

最後に、出版に際してお世話になった方々にお礼を申し上げたい。明石書店の多くの方々はコロナ禍のため自宅勤務という予期せぬ事態に見舞われたが、それにもかかわらず期日どおりの刊行に漕ぎ着けてくださった。とくに柴村登治氏は企画の段階から刊行まで親身になって相談にのってくださり、私たちに本書の方向性を示してくださった。黒木奈緒美氏には素敵なカバーデザインを考案していただいた。小山光氏には編集と組版を緻密な仕事で助けていただき大変お世話になった。また香港日本語教育研究会からは、シンポジウム論文集が予定どおり発行できなくなったにもかかわらず、日本語教育の発展のためにと励ましと支援をいただいた。シンポジウム開催から本書の刊行にかけて齋藤誠先生、西村英希先生、塩山正純先生、照屋一博先生、松本真澄先生、赤塚康子先生、佐藤慎司先生、亀島裕美先生、村上仁先生、邹波先生、李澤森先生、方紹欣先生、黎振洋先生、陳鴻輝先生、許淑君先生、黄淑敏先生、李夢娟先生の諸先生方から貴重なご助言をいただいた。各章の執筆者を代表し感謝の意を表したい。

■監　修

梁　安玉（りょう・あんぎょく）
香港日本語教育研究会会長。2000年に香港日本語教育研究会副会長に就任し、2007年に
NPO法人の認可を取り付ける等、同会の発展に寄与。2009年の会長就任後は、香港初
の高校生および副学士課程学生のための奨学金と日本研究プロジェクト賞を設立するな
ど、青少年への日本語教育の奨励に尽力した。また、1985年に香港大学に新たに日本研
究学科が設立された際には、日本語および日本文化教師として学生指導に尽力する等、
大学教育者としても日本語教育・日本研究の普及に貢献した。中華人民共和国（香港）
における日本語教育の発展に寄与した功績が認められ、2019年旭日小綬章を受章した。

■編著者（五十音順）

青山玲二郎（あおやま・れいじろう）　　　担当：はじめに・第6章翻訳・第8章・おわりに
香港理工大学助理教授（研究）。博士（文学）。専門は文化人類学、応用言語学、言語教
育。主著に *Brush Conversation in the Sinographic Cosmopolis: Interactional Cross-border
Communication Using Literary Sinitic in Early Modern East Asia*（共編, Routledge, 2021
年出版予定）、『東亜跨国自我認同：当代在華日本人社会的人類学研究』（単著, 復旦大学
出版社, 2019年）、『世界に広がる日本の職人』（単著, ちくま新書, 2017年）など。

明石智子（あかし・ともこ）　　　　　　　担当：はじめに・第3章・第6章翻訳
岡山大学教育学部卒業。日本の公立高等学校で教論として勤務したのち、香港理工大学
英語学部（英語教育）にて修士課程修了、その後、同大学同学部にて博士課程修了。博
士（応用言語学）。現在は香港理工大学で非常勤講師を務めるかたわら香港日本人補習
授業校で教務主任としても勤務。専門は、選択機能言語学、教育言語学、継承語教育。

李　楚成（り・そせい）　　　　　　　　　担当：はじめに
香港理工大学中国語・バイリンガル学部学部長、教授。香港のバイリンガル教育と教育
政策、グレイターチャイナにおける多言語主義、ワールドイングリッシュ、香港英語、
中国英語、バイリンガルインターラクションとコードスイッチング（トランスランゲー
ジング）、追加言語としての広東語、南アジア系香港人の中国語書き言葉へのニーズに
ついて数多くの論文・著書を執筆。広東語、英語、北京語を話し、ドイツ語とフランス
語で会話ができ、日本語と韓国語を学んでいる。現在の研究は、東アジア（中国、日
本、韓国、ベトナム）における漢字・漢文の歴史的な広がりと、そのスクリプタフラン
カ（文字を介した共通言語）としての使用に焦点を当てている。

■執筆者（五十音順）

エルハディディ・アブドエルラヒム（Elhadedy Abdelrahim）　　　　　担当：第4章
大阪大学人間科学研究科にて博士後期課程。2011年カイロ大学文学部日本語・日本文学学科を卒業。2018年大阪大学人間科学研究科にて博士前期課程を修了。専門は社会学、宗教社会学、言語教育。学校などにてアラビア語・日本語・イスラム・エジプトについて講演。NHK、病院、学校などにて通訳の経験。

門脇　薫（かどわき・かおる）　　　　　担当：第2章
摂南大学外国語学部教授。博士（文学）。専門は日本語教育学。主著に "Japanese Native Speaker Teachers at High Schools in South Korea and Thailand." *Towards Post-Native-Speakerism Dynamics and Shifts*（Springer, 2018年, Chapter 6執筆）、"The Roles of Native Japanese Speaker Teachers in Japanese Language Programmes." *Japanese Language and Soft Power in Asia*（Palgrave Macmillan, 2018年, Chapter 7執筆）、『みんなの日本語初級 やさしい作文』（共著, スリーエーネットワーク, 2014年）など。

金　孝卿（きむ・ひょぎょん）　　　　　担当：第2章
早稲田大学日本語教育研究センター准教授。博士（人文科学）。専門は日本語教育学。主著に『第二言語としての日本語教室における「ピア内省」活動の研究』（単著, ひつじ書房, 2018年）、『国際交流基金 日本語教授法教材シリーズ（第8巻）書くことを教える』（共著, ひつじ書房, 2010）、『課題達成のプロセスで学ぶビジネスコミュニケーション〈改訂新版〉』（共著, ココ出版, 2018年）、『ビジネスコミュニケーションのためのケース学習：職場のダイバーシティで学び合う【教材編2】』（共著, ココ出版, 2019年）など。

佐藤良子／内田良子（さとう・よしこ／うちだ・よしこ）　　　　　担当：第5章
東海大學日本語言文化學系助理教授。博士（学術）。専門は異文化コミュニケーション、日本語教育。主著に『グローバル社会のコミュニケーション学入門』「Chapter 4　海外から見た日本・日本から見た世界」（共著, ひつじ書房, 2019年）など。

中根育子（なかね・いくこ）　　　　　担当：第1章
メルボルン大学 Asia Institute 准教授。博士（言語学、シドニー大学）。専門は社会言語学、談話分析、応用言語学、言語教育。主著に *Languages and Identities in a Transitional Japan: from internationalization to globalization*（共編, Routledge, 2015年）、*Interpreter-mediated Police Interviews: a discourse-pragmatic approach*（単著, Palgrave Macmillan, 2014年）、*Silence in Intercultural Communication: perceptions and performance in the classroom*（単著, John Benjamins, 2007年）など。

ハートムット・ハバーランド（Hartmut Haberland）　　　　担当：第6章

デンマーク、ロスキレ大学コミュニケーション芸術学部名誉教授（ドイツ語とグローバル化の社会言語学）。1977年にジェイコブ・メイ（Jacob Mey）とともに*Journal of Pragmatics* の創設編集者を務めた。ドイツ語、デンマーク語、現代ギリシャ語、日本語の語用論について、そして学術やその他の職場における多言語主義について数多くの著書・論文を執筆。

日野信行（ひの・のぶゆき）　　　　担当：第7章

大阪大学大学院言語文化研究科教授。博士（言語文化学）。専門は「国際英語」教育。主な単著として *EIL education for the Expanding Circle: A Japanese model*（Routledge, 2018年）。Wiley, Springer, Routledge などの国際学術出版の editorial/advisory board を務める。日本「アジア英語」学会元会長、International Association for World Englishes 元理事。

平田亜紀（ひらた・あき）　　　　担当：第5章

常磐大学総合政策学部准教授。Ed.D.（Health Education）。専門は健康教育、ヘルスコミュニケーション、異文化コミュニケーション。主著に『グローバル社会のコミュニケーション学入門』「Chapter 13　健康とリスクとコミュニケーション」（共著, ひつじ書房, 2019年）など。

福本明子（ふくもと・あきこ）　　　　担当：第5章

愛知淑徳大学グローバル・コミュニケーション学部教授。Ph.D.（Communication）。専門は、コミュニケーション研究、異文化コミュニケーション。主著に『グローバル社会のコミュニケーション学入門』「Chapter 11　働くことと生きること」（共著, ひつじ書房, 2019年）など。

宮崎　新（みやざき・あらた）　　　　担当：第5章

名城大学外国語学部准教授。Ph.D.（Communication）。専門は対人コミュニケーション、異文化コミュニケーション。主著に『グローバル社会のコミュニケーション学入門』「Chapter 1　コミュニケーション学理解のための基本表現」（共編著, ひつじ書房, 2019年）、『グローバル社会と異文化コミュニケーション』「第7章　英語という言語選択：外国語を学ぶことの意味」（共著, 三修社, 2019年）など。

リンガフランカとしての日本語
—— 多言語・多文化共生のために日本語教育を再考する

2020年7月31日　初版第1刷発行

<table>
<tr><td>編著者</td><td>青 山 玲二郎</td></tr>
<tr><td></td><td>明 石 智 子</td></tr>
<tr><td></td><td>李 　 楚 成</td></tr>
<tr><td>監修者</td><td>梁 　 安 玉</td></tr>
<tr><td>発行者</td><td>大 江 道 雅</td></tr>
<tr><td>発行所</td><td>株式会社 明 石 書 店</td></tr>
</table>

〒101-0021　東京都千代田区外神田6-9-5
電　話　03 (5818) 1171
ＦＡＸ　03 (5818) 1174
振　替　00100-7-24505
https://www.akashi.co.jp

<table>
<tr><td>装　丁</td><td>明石書店デザイン室</td></tr>
<tr><td>編集協力</td><td>小 山 　 光</td></tr>
<tr><td>印刷・製本</td><td>モリモト印刷株式会社</td></tr>
</table>

（定価はカバーに表示してあります）
ISBN978-4-7503-5051-6

多文化共生と人権

諸外国の「移民」と日本の「外国人」

近藤敦 著

◆A5判／並製／336頁 ◎2500円

EU各国や北米、豪州、韓国における移民統合政策との国際比較を行い、日本の法制度と人権条約等の国際的な人権規範との整合性を検討することで、日本の実態と課題を多角的な視点から整理。求められる「多文化共生法学」の地平を切り開き、多文化共生政策の実態と課題、展望を考察する。

ストレンジャーの人類学

移動の中に生きる人々のライフストーリー

リーペレス ファビオ著

◎3800円

持続可能な大学の留学生政策

アジア各地と連携した日本語教育に向けて

宮崎里司、春口淳一編著

◎2800円

多文化共生社会に生きる

グローバル時代の多様性・人権・教育

権五定、鷲山恭彦監修　李修京編著

◎2500円

包摂・共生の政治か、排除の政治か

移民・難民と向き合うヨーロッパ

宮島喬、佐藤成基編

◎2800円

新 移民時代

外国人労働者と共に生きる社会へ

西日本新聞社編

◎1600円

アルフレッド・シュッツ

他者と日常生活世界の意味を問い続けた「知の巨人」

ヘルムート・R・ワーグナー著
佐藤嘉一監訳　森重拓三・中村正訳

◎4500円

西田幾多郎の実在論

AI・アンドロイドはなぜ人間を超えられないのか

池田善昭著

◎1800円

ジェンダーについて大学生が真剣に考えてみた

あなたがあなたらしくいられるための29問

佐藤文香監修　一橋大学社会学部佐藤文香ゼミ一同著

◎1500円

〈価格は本体価格です〉